RADIO Y TELEVISION
Al derecho y al revés

Leo Roca:
Un inmigrante que venció
innumerables obstáculos
y ganó una gran fortuna
en la radio AM de Miami.

LEONEL PEÑA

RADIO Y TELEVISION
por Leonel Peña
© *2024* LEONEL PEÑA
Queda prohibida cualquier forma de reproducción,
distribución comunicación pública y transformación
de esta obra mediate cualquier medio impreso o electrónico,
sin contar con la autorización del autor.
La infracción de los derechos mencionados
puede ser constitutivo de delito contra la propiedad intelectual.
Impreso en USA

editorial mundo LATINO
ISBN: 9798300115272

RADIO Y TELEVISIÓN

Formatos que enaltecen...

Formatos que avergüenzan...

Leonel Peña

Entendemos que cada uno en lo suyo puede hacer lo que desee, siempre y cuando sin dañar o molestar a los demás.

Un profesional que cuide la ética y que respete las reglas establecidas conociendo la importancia de hablar por un micrófono, no daña, ni rebaja usando los medios de comunicación con ningún tipo de intrigas, vulgaridades, insolencia y calumnias.

INDICE

Dedicatoria	7
Acerca del autor	9
Introducción	11
Radio y TV	15
Epílogo	113
Historia de Leo Roca	116
Entrevista con Leo Roca	138
Otras obras de Leonel Peña	176

DEDICATORIA

Con un profundo sentido de honestidad y respeto, dedicamos estas líneas a los hombres y mujeres que valoran, apoyan y contribuyen al desarrollo de los medios de comunicación.

Expresamos nuestro reconocimiento a los propietarios, gerentes y personal comprometido con la excelencia en cada una de sus funciones.

Este libro también está dedicado al talento que se presenta frente a las cámaras y presta su voz en los micrófonos, interpretando guiones, orientando, informando y aportando alegría con entusiasmo y profesionalismo.

Este esfuerzo ha sido concebido con el propósito de ofrecer valiosos conocimientos a quienes, como los mencionados, han convertido a los medios de comunicación en sus aliados incondicionales.

ACERCA DEL AUTOR

Leonel Peña, periodista y empresario, es oriundo de La Romana, República Dominicana. Estudió periodismo en la Universidad Central del Este y mercadeo en Horizon Merchandising, en Houston, Texas.

En 1986, se trasladó a la ciudad de Miami, donde asumió la responsabilidad de crear los primeros medios de comunicación radial, escrito y televisivo dirigidos a la creciente comunidad dominicana residente en el sur de la Florida, Estados Unidos.

Su trayectoria profesional está marcada por momentos estelares, aunque también por episodios desafiantes propios de los comienzos de nuevos proyectos.

Peña inició su carrera en los medios de comunicación a los diecisiete años en su país natal.

Nueve o diez años después, ya radicado en Miami, retomó su pasión por el fascinante e impredecible mundo de la comunicación, logrando destacarse como uno de los dominicanos más sobresalientes, conocidos y exitosos de la diáspora dominicana en Miami.

A lo largo de su carrera, ha sido merecedor de importantes reconocimientos, como el galardón 'Nuestro Orgullo de Univisión', varias Proclamas Oficiales y la Llave de la ciudad de Miami.

Además, el condado Miami-Dade designó un día en su honor en la sala capitular.

Leonel Peña se ha convertido en una referencia clave para los dominicanos en Florida.

Patrocinado por importantes empresas y valorado no solo por la comunidad dominicana, sino también por otras nacionalidades, fue escogido en dos ocasiones para lanzar la 'primera bola' en juegos de las Grandes Ligas en el estadio de Miami.

En el ámbito profesional, su trayectoria abarca desde 1983 en La Romana, cuando dio sus primeros pasos en la comunicación, hasta el presente (2024), con su trabajo en Miami y Santo Domingo, formando parte de la cadena SIN-Color Visión.

Peña también es autor de varios libros, entre ellos: *Cómo Fracasar en los Estados Unidos*, *Vivir en los Estados Unidos*, *Enredo Religioso*, *En Estados Unidos no lo hagas*, *Preguntas, Temores y Pecados*, y *66 Vergüenzas Dominicanas*.

Al momento de redactar esta nota, se encuentra escribiendo nuevos libros que pronto estarán disponibles.

INTRODUCCION

**Saludos amigo/amigo lector, lectora.
¡Gracias por su tiempo!**

Este es el séptimo libro que he publicado, el cual al igual que los demás están actualmente disponibles en todas las plataformas especializadas en este renglón; también en otras modalidades digitales que tenemos a la mano, además, del formato impreso tradicional, que, a pesar de la postmodernidad, continúa siendo el preferido por muchos lectores, especialmente por aquellos que al igual que yo, "peinamos canas".

Sin duda, este libro, cuyo título se alinea perfectamente con el diseño de la portada, captará la atención de aquellos vinculados directa o indirectamente a los medios de comunicación, particularmente en el ámbito de la radio y la televisión.

Eso implica que estamos expuestos a las críticas y escrutinios de un gran número de teóricos, eruditos, sabios, intelectuales y criticones enfermizos que, a lo largo de su trayectoria, se han especializado en criticarlo todo.

Como no es requisito que demuestren habilidades prácticas, han optado por ser teóricos, criticando a los demás "sabrosamente".

Como autor de este humilde trabajo, no espero más que lo que debo esperar.

Me he apoyado en mis años de experiencia como director de medios desde 1983, y como propietario de una emisora de radio y un canal de televisión por más de 30 años, tanto en Miami como en República Dominicana.

Además, realicé investigaciones, consulté con amigos y colegas, identifiqué mis fuentes, y, en los casos correspondientes, reconocí la autoría de cada uno, como debe ser.

Este no es un libro de historia profunda que pretende presentar "la versión oficial" de todo lo relacionado con la Radio y la Televisión desde sus primeros inventos.

Cada uno que haga su propia historia y aporte lo que sabe, ya que las contradicciones siempre existirán cuando se analizan los orígenes de los precursores. Además, es un hecho que nadie posee el monopolio de la verdad absoluta en materia de historia.

Este breve libro aborda tanto lo teórico como lo práctico de la industria o negocio de las emisoras de radio y plantas de televisión.

Aquí se exploran las necesidades fundamentales para instalar y mantener un medio radial o televisivo, los cambios en el sector, el personal, los seguidores, las leyes, la programación, la política de uso y un largo etcétera.

Desde siempre, la radio y la televisión han sido compañía y parte esencial de la vida familiar las veinticuatro horas del día, todo el año: noticias, orientación, entretenimiento, música, deportes, novelas, política, series, películas y todo tipo de información social y comunitaria.

Como en casi todo, vemos diferencias y esto no es ajeno a las formas de operar de un medio de comunicación donde unos se deciden por solo música, otros noticias y comentarios, deportes religión o variedad.

LOS CAMBIOS EN LOS MEDIOS DE COMUNICACION

• Anteriormente, para que un medio de comunicación desde el amanecer pudiera difundir contenido, era imprescindible que una persona estuviera al frente de los equipos.

• Los locutores de ayer debían tener una voz fuerte y gruesa, rompe micrófono.

• Durante el asueto de cada Semana Santa, los propietarios de emisoras de radio y canales de televisión aprovechaban para hacer limpiezas, ajustes técnicos y reparaciones a sus difusoras.

• Rara vez se escuchaban groserías y vulgaridades en los medios de comunicación.

• Hoy ya no se escuchan series ni novelas por la radio.

• Tampoco los "astrólogos", adivinos, especialistas en telepatía y horóscopos tienen presencia en los medios radiales y televisivos.

- La juventud de hoy no escucha la radio ni ve programas en televisión.

- Todas las tecnologías han cambiado a digital en dispositivos muy reducidos en cuanto al tamaño.

- Es muy raro ver a alguien usando discos de acetatos, tocadiscos o victrolas.

- Ya hoy no se transmiten las tradicionales notas luctuosas a través de los medios.

- No se ve a los repartidores "promotores" de discos visitando las emisoras.

- Es muy raro ver hoy a un anciano con su radio escuchando algún programa debajo de un árbol.

- Años atrás los locutores eran vistos como personalidades especiales importantes.

EMISORA RADIAL POLACA REEMPLAZA A SUS PRESENTADORES POR UNOS GENERADOS CON IA

OFF Radio Cracovia presentó lo que denomina "el primer experimento en Polonia", donde los periodistas están representados por personajes virtuales creados por inteligencia artificial (IA). Los programas son conducidos por tres avatares (Jakub, Emilia y Alex), cada uno con su propia personalidad e intereses. Su objetivo es atraer a los oyentes más jóvenes de la generación Z, abordando temas como la cultura, el arte y las cuestiones LGBTQ+. Incluso las listas de reproducción de música son generadas por IA.

"¿La inteligencia artificial es más una oportunidad o una amenaza para los medios, la radio y el periodismo? Buscaremos respuestas a esta pregunta", declaró el director de la emisora, Marcin Pulit, en un comunicado.

Sin embargo, hubo una reacción violenta en las redes sociales tras la publicación de una carta abierta por parte de Mateusz Demski, periodista y ex presentador de la estación, quien protestó el martes contra "el reemplazo de empleados con inteligencia artificial". "Es un precedente peligroso que nos afecta a todos", escribió Demski, advirtiendo que esto podría conducir a un futuro en el que los profesionales de los medios y los creativos experimentados sean sustituidos por máquinas.

Hasta el miércoles por la mañana, más de 15.000 personas habían firmado su petición, según informó Demski a The Associated Press.

EL NÚMERO DE OYENTES ES CASI NULO

Demski, quien trabajó en OFF Radio Krakow desde febrero de 2022 hasta agosto de este año, fue uno de los aproximadamente doce periodistas despedidos de la emisora, que es de propiedad estatal. Calificó los recortes de personal como impactantes.

Pulit, por su parte, defendió los despidos, afirmando que "ningún empleado o compañero de trabajo de OFF Radio Kraków ha sido despedido debido al uso de herramientas de inteligencia artificial", y agregó que la audiencia de la estación era "casi cero".

Explicó que, desde su inicio en 2015, la estación había sido principalmente una emisora de música automatizada, con solo dos horas de programación en vivo y algunos programas de música original cada semana. Los despidos, afirmó, no se debieron a la IA, sino a que los contratos de colaboración con colaboradores externos finalizaron en agosto.

Krzysztof Gawkowski, ministro de Asuntos Digitales de Polonia, se unió al debate el martes, indicando en X que, si bien apoya el desarrollo de la IA, los límites se están cruzando cada vez más. "El uso generalizado de la IA debe hacerse para las personas, no contra ellas", escribió, pidiendo regulación.

Ese mismo día, la emisora transmitió una "entrevista" entre un presentador generado por inteligencia artificial y una voz que pretendía ser Wisława Szymborska, la fallecida poeta polaca ganadora del Premio Nobel.

Michał Rusinek, presidente de la Fundación Wisława Szymborska, afirmó a TVN que había permitido que la estación utilizara el nombre de Szymborska, mencionando que la poeta, fallecida en 2012, tenía sentido del humor y probablemente habría disfrutado.

LA IMPORTANCIA DE LA RADIO Y LA TELEVISION

En lo personal, no conozco una sola familia que no posea, mínimo, un radio o un televisor.

Es indiscutible el hecho, que la mayoría de los seres humanos en cualquier parte del planeta, están o han estado vinculados a los medios de comunicación electrónicos, en una forma u otra.

No hay que negar que estos medios son una maravilla y que han contribuido grandemente con el desarrollo tecnológico en diferentes áreas; no en vano aparecen encabezando la lista de los mayores inventos de los humanos a nivel mundial.

Hacer referencia a la radio y la televisión en cualquier lugar es como hablar de la vida misma, incluyendo la muerte, que es una parte inherente y natural de la experiencia humana.

Ambas constituyen herramientas que se involucran en todos los sucesos sociales, nacionales e internacionales.

Es innegable que, en el caso de la radio, no solo vemos el aparato sobre cualquier mueble en el hogar, sino en los vehículos terrestres, marítimos y aéreos.

Amigo lector, le hago esta pregunta:

¿A que nunca vio a un laborioso campesino escuchando radio mientras cabalgaba en su caballo o en un burro?

Hay que admitir que, en la actualidad, la radio y la televisión como instrumentos de comunicación masivos se han visto un tanto reducidos o mermados;

su capacidad de penetración no es la misma, debido a las tantas alternativas y los cambios que vemos constantemente por todos lados.

Sin embargo, la realidad es que estos medios, nadie los podrá borrar de la historia ya que en su época proporcionaron apoyo a la familia brindando a grandes y chicos entretenimiento, información y creando conciencia en todos los niveles.

La radio y la televisión, además de educar, entretener e informar a nivel local, regional, nacional e internacional, eran medios que salvaban vidas y evitaban grandes males.

Nada más gratificante es escuchar o ver una programación rica en contenido, variada y divertida de manera respetuosa y con calidad, garantizando que los oyentes y televidentes en general se mantengan informados, al tanto de la realidad.

Como medio eficaz de comunicación masiva, estos medios brindan noticias a personas de todo el país, incluyendo a los que viven en las zonas rurales.

También estos medios de comunicación sensibilizan a la gente sobre los programas y políticas del gobierno y las ofertas del sector privado a la vez que proporcionan programas educativos que puedan ser comprendidos incluso por personas analfabetas de cualquier edad.

¡La radio y la televisión, bien dirigida, son y serán una gran bendición para toda la familia!

"Los medios de comunicación no deben ser usados para difundir ni incitar al odio o la violencia bajo circunstancias de ningún tipo"

OTRAS VERSIONES DE
HISTORIA DE LA RADIO

La primera transmisión radiofónica del mundo se realizó en la Nochebuena de 1906 cuando, se utilizó un alternador electromecánico de alta frecuencia, transmitiendo desde Brant Rock, Massachusetts, USA; esta fue la primera radiodifusión de audio de la historia.

Buques desde el mar pudieron escuchar una radiodifusión que incluía a Fessenden tocando en el violín la canción *"Oh Holy Night"* y leyendo un pasaje bíblico.

No fue hasta 1910 cuando comienzan las primeras transmisiones radiofónicas para el entretenimiento de grandes audiencias con una programación regular, ya que hasta entonces habían sido experimentales o sin la requerida continuidad.

En el caso de la televisión o el teléfono la comunicación tomó lugar independientemente en varios lugares del mundo con muy poco tiempo de diferencia.

La cuarta emisora fue la PWX en la Habana, Cuba, la cual se convirtió en la primera estación radial Latinoamericana.

Ante las múltiples y diversas versiones, archivos e historia alrededor del surgimiento de la radio y la televisión en el mundo, lo mejor es "coger y dejar". No está demás escudriñar, investigar y sumar cultura, consciente de que en todo existen las falsedades, las exageraciones y las grandes verdades.

NECESIDADES BÁSICAS PARA OPERAR EMISORA DE RADIO O CANAL DE TELEVISIÓN

- Local propio
- Instalaciones profesionales
- Equipos profesionales
- Personal Profesional con experiencia
- Línea gráfica moderna con un logo exclusivo Banco-archivo de música y efectos con licencia
- Unidad móvil identificada
- para interior y exterior
- Programación balanceada de acuerdo con el formato
- Administración eficiente y responsable

Estos diez renglones arriba expuestos, son de vital importancia para desarrollar, competir y convertir en líder una empresa de comunicación en cualquier mercado.

PREFERIBLEMENTE LOCAL PROPIO

¿Por qué precisamos que el local donde se instale la radio o el canal de televisión preferiblemente sea propio o en su defecto con un contrato de alquiler a largo plazo de diez años o más?

La razón principal es porque las instalaciones eléctricas, de equipos sensibles, costosos, delicados no tan comunes, son de cuidado y no les hace bien, moverlos frecuentemente de lugar.

Además, siempre es necesario climatizar los espacios e instalar aislantes de ecos y ruidos en las cabinas y estudio de grabaciones y producción.

Los principales enemigos de los equipos que se usan en radio y televisión son el calor, la humedad, el polvo, altos y bajos voltajes eléctricos.

Por todo lo antes señalado, siempre será conveniente hacer esas necesarias e imprescindibles instalaciones con carácter permanente o duradero y eso solo garantiza a los propietarios a estar protegidos por muchos años.

Es raro o imposible encontrar hoy día un local con todo lo necesario para instalar y operar una emisora de Radio o un canal de Televisión ya que, hay que instalar antenas contra relámpagos para poder operar además de que los manuales de todos esos equipos deben ser cuidadosamente archivados a buen resguardo.

INSTALACION PROFESIONAL

No sé si usted ha escuchado el dicho o refrán "lo barato sale caro".

Lo que sí les puedo asegurar es, que muchos son los casos de propietarios de estos medios de comunicación que se frustran porque pierden tiempo y dinero, por haber decidido irse por lo más barato buscando economizar, a la hora de instalarse.

Jamás será igual ni parecido, instalar un "dealer" agencia para vender vehículos o una cafetería, que emisoras de radio o televisión.

El radio y la televisión son renglones súper delicados, sensibles y en ocasiones misteriosos ya que presentan ruidos, bloqueos y complicaciones que no están escritas.

Son muchos los maestros de esas tecnologías que han tenido que contactar al fabricante de algunos equipos para lograr entender un simple caso que se les presenta.

Otros, siendo ingenieros, técnicos experimentados, han tenido que decir:

"Apaguen todo, mañana continuaremos, no doy con ese ruido, no sé cómo resolver eso".

Una instalación profesional, bien hecha, con sentido de responsabilidad, implica y requiere la perfección en todo lo que respecta a alambres eléctricos de calidad, cables y conectores de los mejores; instalaciones correctas, cero inventos o alteraciones caprichosas.

Sobre todo, la electricidad tiene que estar estable (110-220 voltios) por lo que siempre se recomienda adquirir e instalar estabilizadores de electricidad que eliminan los picos que mucho afectan a los equipos y distorsionan lo que va al aire.

INSTALAR EQUIPOS PROFESIONALES

En este capítulo no es necesario ser redundante. Recomendamos siempre la instalación de equipos con un desempeño reconocido y de calidad comprobada.

Es fundamental que aquellos que actúan de forma ingenua comprendan que, si optan por aparatos de baja calidad o "equipos para aficionados", quedarán fuera de la competencia en la que dominan los grandes.

Hoy en día, hacer buenas elecciones es más difícil que nunca debido a la gran cantidad de marcas, modelos, diseños y versiones disponibles. La globalización y la intensa competencia comercial han complicado aún más el panorama.

En la era posmoderna, a menudo se prioriza la apariencia sobre la durabilidad, y se prefiere comprar cinco productos por cien dólares que uno de noventa, aunque este último tenga una calidad superior y una vida útil más larga.

Nuestra recomendación es evitar lo más barato. Un canal de televisión o una estación de radio, que depende de una buena imagen y sonido para ganar la preferencia de su audiencia, debe invertir en equipos de calidad que aseguren un buen rendimiento.

Cuestión de niveles, cada quién puede escoger en que categoría quiere estar.

"Ningún medio de comunicación debe convertirse en instrumento para chantajear, extorsionar o amenazar"

CABINA DE EMISORA DE RADIO

Una cabina profesional de radio debe contar, como mínimo, con cuatro micrófonos especializados para transmitir en vivo.

Existe una amplia variedad de micrófonos en el mercado, y no todos cumplen las mismas funciones.

Algunos son específicos para grabar música, otros para realizar comerciales, amplificar sonidos en espacios abiertos, y mucho más.

Entre ellos destacan los micrófonos de corbata y los populares micrófonos inalámbricos.

Además, están los modernos brazos para micrófonos, con diseños giratorios, alturas variables, e incluso con luces de colores.

Estos brazos están diseñados para no obstruir la visión ni tapar el rostro del locutor, lo que los convierte en herramientas altamente prácticas.

En este tipo de cabinas también encontramos audífonos, los cuales vienen en muchas versiones y estilos.

Sobre la mesa que sostiene los micrófonos, es común ver diversas luces indicadoras.

Estas luces señalan cuándo los micrófonos están abiertos, cuándo se está al aire, o cuándo finaliza una pausa.

Además, varios botones permiten al locutor silenciar el micrófono si necesita toser o despejarse la garganta.

Muchas cabinas incluyen filtros que reducen el ruido de la respiración del locutor, junto con los paneles tradicionales anti-eco que mejoran la calidad del sonido.

En algunos casos, el Master-Control está integrado a la cabina, lo que facilita la comunicación directa entre los locutores y el operador.

Sin embargo, cuando están separados, es fundamental contar con un sistema de intercomunicación adecuado.

No profundizaremos en los detalles técnicos de la instalación de una emisora de radio o de un canal de televisión, pero el equipamiento es impresionante.

De hecho, una cabina moderna se asemeja a la de un avión de última generación o a un centro de control espacial satelital, como los que operan en los Estados Unidos.

MEDIOS AUTOMATIZADOS

No queremos especificar la cantidad exacta ni el porcentaje de medios que operan de forma completamente automatizada a nivel mundial, pero podemos afirmar que más del 50% de ellos cuentan con asistencia humana, ya que este es el *modus operandi* de esos sistemas operativos.

Eliminar por completo la intervención humana en la implementación y migración de formatos ha sido imposible.

Incluso los más brillantes innovadores de la era posmoderna han tenido que reconocer esta realidad y aceptar que, para alcanzar los objetivos propuestos, la colaboración entre humanos y tecnología es inevitable.

Incluso la computadora más avanzada y actualizada requiere intervención humana. Lo mismo sucede con los medios "automatizados": ejecutan comandos, pero estos han sido previamente programados por personas.

Los canales de televisión y emisoras de radio que funcionan de manera automatizada necesitan personal altamente capacitado.

Esto se debe a que las pautas, cortes y cambios se realizan automáticamente, por lo que quienes trabajan en el control maestro, cabinas y frente a los micrófonos deben estar familiarizados con esos procedimientos.

De lo contrario, podrían surgir inconvenientes y confusiones en el proceso.

PERSONAL PROFESIONAL

Lo que vamos a exponer en este capítulo podría parecer contradictorio, pero recordemos que una cosa lleva a la otra.

Contar con un equipo de profesionales comprometidos, que valoren la buena comunicación, es fundamental.

No importa cuán avanzados sean los equipos o cuán lujosas sean las instalaciones, si el personal es disfuncional, el fracaso estará asegurado.

Podemos tener un edificio con paredes de oro y pisos de mármol, los mejores equipos del mercado instalados por los expertos más renombrados, pero si el equipo humano no funciona, el proyecto fracasará.

Personal profesional y exitoso

Se trata de personas que dominan su campo y siempre están dispuestas a resolver problemas. Son aquellos que luchan por el éxito de la empresa, comprometidos con su crecimiento, que buscan superarse, aprender lo que no saben y trabajar en equipo para lograr el éxito.

Un profesional cuida cada detalle, respeta la puntualidad, sigue las normas establecidas y está siempre preparado para dar lo mejor de sí.

Estas personas superan las expectativas con entusiasmo, siempre dando más de lo que se les pide y haciéndolo de corazón.

Se comprometen con la excelencia y fomentan un ambiente de trabajo saludable, sin poner obstáculos a los demás.

Personal mediocre y perdedor

Este tipo de personal se especializa en quejarse constantemente y en encontrar defectos en todo sin proponer soluciones.

Son pesimistas, tóxicos, impuntuales, desleales y deshonestos. Suelen mostrar indiferencia ante las necesidades de la empresa, y se centran más en contar los minutos para irse que en aportar valor.

Además, las personas que transgreden las buenas costumbres y pisotean los principios éticos no deben tener acceso a los micrófonos en un medio que valore la ética y esté comprometido con la excelencia, el orden y el respeto hacia los demás.

LA LINEA GRAFICA DE LA EMPRESA

Hasta hace poco, pocos dueños o responsables de negocios prestaban atención a lo que hoy conocemos como la línea gráfica de una empresa.

Utilizaban cualquier tipo de sobre o papel para enviar correspondencia, cambiaban colores, nombres y figuras con frecuencia, e incluso sus vehículos comerciales carecían de rotulación que los identificara.

Muchas veces, empleaban un logo, tipografía o colores para algunos aspectos, y otros estilos completamente diferentes e incoherentes para otros.

Entendemos que esto ocurría más por desconocimiento que por descuido, ya que la mercadotecnia aún no había demostrado su relevancia e impacto, algo imprescindible en el mundo actual.

Hoy en día, prácticamente todo aquel que tiene un negocio o proyecto comercial ha oído hablar de la línea gráfica, que no es más que el conjunto de elementos visuales que definen la identidad de una marca o empresa.

Estos elementos incluyen el logo, los colores, las tipografías, las imágenes, los iconos, los filtros, los marcos, y mucho más.

El concepto de línea gráfica ha adquirido tanta importancia en las últimas décadas que muchas empresas han creado departamentos exclusivos para gestionarla.

El diseño de logos y estilos para empresas se ha convertido en una industria multimillonaria y poderosa a nivel global.

La línea gráfica, en muchas ocasiones, lo dice todo. Es el rostro de cualquier entidad, lo que distingue a una empresa de otra y le permite tener una identidad única en cualquier plataforma o escenario.

EFECTOS Y MUSICA
PARA PROMOS Y COMERCIALES

Es fundamental, necesario, e incluso nos atrevemos a decir que es casi imprescindible que una emisora de radio o canal de televisión cuente con un "banco" o archivo completo de efectos y sonidos especiales.

Estos recursos son esenciales para usarse en todas las creaciones, innovaciones y producciones del departamento creativo de la empresa.

Por supuesto, es imprescindible que todo esté respaldado por licencias legales. Si además se pueden adquirir con exclusividad, mejor aún, ya que eso evitará que suenen en otros medios, dándole al suyo un toque distintivo.

Tener estos recursos a disposición elimina las excusas del personal creativo al realizar y completar un buen trabajo, ya que la empresa dispone de todas las herramientas necesarias.

Es precisamente en estos detalles donde se establece la gran diferencia entre un medio y otro. Los pequeños detalles, bien empleados, marcan la calidad y originalidad, y por eso se paga.

Una buena edición de comerciales y promociones en la radio o televisión es determinante para destacar positivamente.

Más allá de palabras o presunciones, estos detalles imprimen un sello de calidad sin necesidad de decirlo.

Cada comercial o promoción debe contar con música de fondo que esté alineada con la identidad de la marca. Es crucial que el estilo y la melodía elegidos transmitan el mensaje adecuado y creen una conexión emocional con la audiencia.

Asimismo, la voz del locutor o locutora debe variar en cada campaña, adaptándose al tono y personalidad del producto o servicio que se promociona, para evitar la monotonía.

Hoy en día, en el vasto mundo del internet, existen opciones muy accesibles para la creación de estos recursos.

Con tantas posibilidades disponibles, no hay excusas para no invertir en la personalización de los mensajes publicitarios.

Un medio de comunicación consciente de su rol en la sociedad tiene una gran responsabilidad.

Su prioridad no debe ser únicamente generar ganancias, sino también crear contenidos que aporten valor a la comunidad y promuevan un impacto positivo.

"Todos los medios de comunicación deben estar siempre conscientes de su rol en la sociedad.
Por tanto, SU PRIORIDAD nunca debería ser convertirse simplemente en una máquina de hacer dinero"

LA UNIDAD MOVIL DEL MEDIO

El propietario de cualquier medio de comunicación que aspire a competir de manera efectiva, ya sea una emisora de radio, un canal de televisión, un periódico o una plataforma digital, debe considerar como prioridad la incorporación de una unidad móvil bien equipada dentro de sus recursos operativos y de producción.

¿Para qué es útil la unidad móvil?:

- Para realizar transmisiones en directo desde los lugares que se pueda.
- Realizar a 'control remoto' promociones pagadas.
- Fortalecer los noticieros con transmisiones en directo.
- Realizar programas especiales desde exteriores.
- Promover premiando con obsequios a los seguidores del medio.

Son muchas las ventajas a favor de cualquier medio que proporciona una unidad móvil.

Además, le da categoría a la empresa, mostrando fuerza, solvencia, los colores de la línea gráfica, incluyendo el logo del medio.

Una unidad móvil cuando se mueve en las calles siempre llama la atención y de una manera u otra, ayuda y produce comentarios entre los seguidores.

UNIFORMES PARA EL PERSONAL

Un personal uniformado revela organización, identifica a los servidores de dicha empresa que están designados para orientar, ayudar y servirles a los interesados.

Los uniformes, en muchas ocasiones, irradian paz, otorgan prestigio e inspiran respeto; por eso se asignan a quienes se comprometen con una empresa.

Al ver a un militar uniformado, una monja, una enfermera, un médico, un juez o un piloto, entre otros, sentimos de inmediato respeto por su investidura, aunque no iniciemos ninguna conversación con ellos.

Con base en nuestra experiencia de cuatro décadas en los medios, no solo como periodistas y locutores, sino también como propietarios de medios en los Estados Unidos y en la República Dominicana, recomendamos a todos nuestros colegas que identifiquen a su personal con uniformes elegantes que los representen profesionalmente.

Un locutor, operador, camarógrafo, reportero, editor, oficinista, secretaria, guardia de seguridad, conserje e incluso un director o gerente general lucen mejor presentados con el logo de la empresa en su solapa o en un gafete, que, vistiendo ropa civil, aunque sea de una marca reconocida.

Carnets para todo el personal

Una empresa en el ámbito de la comunicación es más delicada que en otros sectores, debido a la rapidez con la que la información se transmite a través de un micrófono. Partiendo de esta realidad, es fundamental aumentar los controles, especialmente cuando se trata de personas externas a la empresa.

Uno de esos controles consiste en disponer de carnets provisionales y llevar un registro de todas las personas que entran y salen de la empresa, particularmente aquellas que no forman parte del personal.

LA PROGRAMACION

Lo primero que se debe determinar al iniciar un proyecto de medios es el mercado objetivo y el público al que se desea alcanzar.

Identificar claramente la audiencia es crucial, ya que a partir de esta información se define el nicho que se quiere conquistar.

Este proceso debe realizarse de manera objetiva y con una investigación sólida sobre los hábitos de consumo y las preferencias de ese público.

Para lograrlo, es indispensable contar con una base sólida que incluya trabajo de campo, encuestas, sondeos y estudios de mercado que analicen las preferencias de consumo, estilos de vida y otros detalles relevantes.

Este levantamiento de información suele ser llevado a cabo por expertos en mercadeo, sociólogos y especialistas en estudios sociales.

Si se encuentra un nicho desatendido por otros medios, resulta más estratégico enfocarse en él, en lugar de competir directamente en mercados saturados donde ya existen actores consolidados.

La programación de los medios puede abarcar una variedad de contenidos: desde deportes y música específica, hasta programación infantil, religiosa, y popular variada, con la inclusión de programas de opinión.

En el contexto actual, un medio que opere las veinticuatro horas del día debería considerar la inclusión de noticias, al menos en forma de breves resúmenes cada hora.

Esto no afecta la línea editorial principal y, por el contrario, enriquece la oferta del medio.

Finalmente, es crucial definir el formato del medio con la conciencia de que nunca se logrará captar la totalidad de la audiencia en un mercado, ya que, en un mundo tan diverso, ningún enfoque puede ser absoluto.

EL FENÓMENO RADIO GUARACHITA

¿Qué motivó que una radio emisora atrapara y se le metiera en las venas y el corazón a un pueblo?

-**Formato totalmente original, cero copias.**
-**Excelente sonido y amplia cobertura.**
-**Locutores profesionales y sin vulgaridad.**
-**Servicio, ayuda y respaldo a sus oyentes.**
-**Interacción permanente con sus oyentes.**

El visionario dominicano Radhames Aracena, fundador y creador en febrero de 1964 de "La Poderosa", HIAW, Radio Guarachita, desde la capital de la República Dominicana, demostró la importancia de la originalidad en los medios de comunicación al transmitir con su innovadora "antena poli-direccional de trescientos sesenta grados".

Su enfoque destacó la relevancia de ofrecer algo único y auténtico en lo que hacemos.

Es preocupante observar cómo, en muchos medios de comunicación, se reproducen copias de formatos y estilos, a menudo a solo unas cuadras de distancia unos de otros.

En la radio, se replican los estilos, los nombres de los programas, la programación, e incluso las palabras y los tonos de las promociones.

En la televisión, la situación es aún más evidente, con la imitación descarada de logotipos, promociones, escenografías, programación y hasta los más pequeños detalles estilísticos.

El surgimiento del internet ha frenado en parte a estos "copiones profesionales," ya que ahora los plagios y la falta de originalidad quedan expuestos con facilidad.

Muchos de los que antes copiaban sin reparos ahora enfrentan la transparencia de la red, que revela su falta de autenticidad, aunque en el pasado se atribuían falsamente el mérito de ser los genios creativos detrás de esas ideas.

Muchos de estos imitadores viajaban con visas a otros países, especialmente a Estados Unidos, y copiaban las ideas y formatos de la radio y televisión locales.

Al regresar a sus países, sin ningún pudor, adaptaban esos conceptos a sus propios medios, haciéndolos pasar por innovaciones originales y vanguardistas.

Esto marcó una clara diferencia con Radhames Aracena, quien, sin imitar a otros, fundó la radio más impactante de su tiempo en la República Dominicana: Radio Guarachita, una emisora sin plagios ni lenguaje vulgar.

LA ADMINISTRACION DE LA EMPRESA

Por más alegre, entusiasta, juvenil, dinámico o humorístico que sea el medio de comunicación, la administración debe mantenerse siempre enfocada y libre de descuidos o acciones caprichosas.

Su papel debe ser estrictamente serio y firme en la defensa del cumplimiento y la transparencia de las operaciones.

La administración es el departamento encargado de planificar, calcular costos, controlar los recursos y dirigir de manera eficiente para alcanzar los objetivos y metas propuestas.

Es también responsable de tomar decisiones clave en áreas fundamentales como la estrategia empresarial, la gestión de operaciones, la comercialización y ventas, la gestión financiera y la administración de recursos humanos.

Este departamento debe ser visionario, estar bien informado y operar con la máxima efectividad y eficiencia para garantizar tanto el éxito como la seguridad económica de la organización.

Su labor debe alinearse con cuatro pilares esenciales: Meta, Plan, Acción y Perseverancia, mejorando constantemente la relación entre productividad, calidad, costos, administración, distribución, logística, tiempos de producción y la interacción entre los trabajadores y operarios.

La administración tiene como finalidad alcanzar las metas propuestas dentro de plazos razonables, minimizando riesgos innecesarios en la búsqueda de aumentar la productividad y la competitividad.

Siempre debe mantener una visión de crecimiento sin límites, tomando decisiones acertadas que impulsen el progreso continuo.

EL TIEMPO DE LOS COMERCIALES

Cada medio tiene la libertad de decidir el tiempo, la duración o el estilo de los comerciales que difunde en su emisora de radio o canal de televisión.

Existen comerciales de solo cinco segundos, como, por ejemplo: "Si es Goya, tiene que ser bueno".

De igual manera, los hay de sesenta segundos o más. Lo más común y tradicional son los comerciales de treinta y sesenta segundos.

Cuando los comerciales se ajustan al formato de un medio de comunicación en particular, todo es más sencillo, ya que se aplica una tarifa estándar y, al sustituir uno por otro, no se altera el tiempo del bloque de comerciales.

La diferencia entre un comercial para radio y uno para televisión radica en que el de radio se limita al audio, donde se utiliza la voz del locutor o locutora, una música de fondo a bajo volumen y, ocasionalmente, algún efecto sonoro.

En contraste, el de televisión es completamente diferente, ya que requiere una edición cuidadosa y precisa.

En televisión, se mezclan la música de fondo con las voces de los actores o locutores, junto con imágenes como tomas de apoyo, títulos y efectos visuales con movimiento.

Un medio comprometido con las normas de excelencia nunca excede bloques comerciales de más de cuatro minutos, distribuyendo en cada hora solo tres bloques, para un total de doce minutos por hora.

Es importante recordar que hay muchas otras formas de incrementar los ingresos publicitarios.

Por ejemplo: "Este segmento es presentado por la empresa tal", o incluso, mencionar la hora, el tiempo, una canción o una sección a nombre de un patrocinador.

Todo esto se convierte en ingresos adicionales para el medio de comunicación.

"Error, aceptar pagos de publicidad como ayuda a un programa o un medio de comunicación.
Un medio comercial no acepta ayuda en su departamento de publicidad".

NEGATIVO

- Tratar los asuntos personales en los medios de comunicación públicos.

- Decir groserías, palabras obscenas y gritos.

- Insultar ofender a los oyentes.

- Ser monótono, hablando siempre lo mismo.

- Llegar tarde a la transmisión del programa.

- No tener temas y querer hacer chistes sin sentido.

- Plagiar noticias, leer de periódicos sin dar los créditos.

- Entablar conversaciones personales que nadie entiende.

- Usar muletillas, dichos, refranes callejeros y risas sarcásticas.

- Discutir en el aire con el operador, camarógrafo u otro personal.

- Quejarse siempre hablando en forma negativa de los demás.

- Diseminar pesimismo a través de sus comentarios.

- Burlarse y criticar a alguien que no está en cabina para defenderse.

- Hablar mal de los compañeros que laboran en el mismo medio.

- Toser sin alejarse del micrófono.

- Hablar más que el entrevistado.

- Hablar en primera persona, montar voces y lanzar indirectas.

- Limpiarse la garganta con los micrófonos abiertos.

- Maltratar, irrespetar al invitado, buscando reducirlo o ridiculizarlo.

- Mentir, engañar, fabular, exagerar o distorsionar los hechos.

- Detractar o elogiar por encargo, para recibir pagos.

- Tratar sobre trivialidades ajenas y sin importancia para los oyentes.

- Cobrar o pedir dinero para sonar temas musicales, "payola".

- Comer o beber durante la transmisión del programa.

- Hacer públicas las limitaciones y deficiencias del medio que se difunde.

- Evitar expresar sentimientos de odio y resentimiento al aire.

- Nunca olvidar los horarios donde niños puedan estar escuchando.

- No rellenar horario con anuncios comerciales, son doce minutos por hora.

- No mencionar empresas ni a los establecimientos comerciales que no tienen autorización.

- No interrumpir comentarios para poner llamadas improvisadas al aire.

- Relajar el mercado publicitario, con baratera y chabacanería.

- No pedir dinero apoyado en que es comunicador, locutor o periodista.

- Decir como locutor lo que no puede decir como caballero.

MAL HECHO, MAL DICHO

- Algo mal hecho es llegar tarde al programa por irresponsabilidad y pedir al operador que rellene con comerciales hasta que el locutor llega a la cabina o estudio.

- No utilizar guion y pretender que el operador de Master Control resuelva esa falta de planificación.

- Desaprovechar los primeros minutos del programa y luego intentar que el operador permita exceder el horario establecido.

- Usar los micrófonos de un medio de comunicación para decir afirmaciones sin base ni fundamento.

- Acudir a un medio sin temas de interés ni preparación alguna.

- Desperdiciar el tiempo y reducir el nivel del medio al tratar asuntos personales y chismes sin relevancia.

- Repetir información de dominio público, tomar datos ajenos sin permiso y apropiarse de ellos sin reconocer el plagio.
- Llegar tarde al programa y pedir al operador que cubra el tiempo con comerciales hasta que se llegue al estudio.

- Adoptar una postura prepotente en el micrófono, presumiendo que se tiene la verdad absoluta.

- No permitir que el invitado o los compañeros hablen, arrogándose el monopolio de la verdad.

- Carecer de tolerancia y responder de manera personal y agresiva al no saber presentar argumentos sin violencia ni insultos.

- Creerse con licencia para decir lo que se piensa sin filtro alguno, ignorando que quien se expresa sin consideración recibe lo que no desea.

- Ignorar las sabias palabras de Benito Juárez: "El respeto al derecho ajeno es la paz". Nunca hagas a otros lo que no quieres para ti.

CRITICAR SIN DAR BUEN EJEMPLO NO APORTA

Lamentable, risible, vergonzoso o digno de ignorarse es quien utiliza los medios de comunicación para tonterías, sin aportar nada a la sociedad ni al entorno donde llega su señal.

Quienes actúan así desconocen el poder del micrófono y el costo de operar un medio de comunicación, menospreciando y degradando el valor que estos representan.

Las personas que escuchan o ven tales contenidos no obtienen nada de valor ni se edifican, y en vez de aprender, se desconectan y perpetúan una red de desinformación y mediocridad.

Muchos que tienen acceso a los medios llevan una doble vida: atacan a incumplidores, tramposos y farsantes desde el micrófono, pero fuera de cámara actúan igual o peor.

Creemos firmemente que personas con antecedentes negativos y falta de ética no deberían tener acceso a los medios de comunicación.

CONTENIDO OBSCENO, INDECENTE O PROFANO

En Estados Unidos, las leyes federales prohíben la transmisión de contenido obsceno, indecente o profano en radio y televisión.

Aunque parece claro, a veces resulta difícil definir estos términos con precisión.

En 1964, la Corte Suprema de Estados Unidos sentó un precedente en un caso sobre obscenidad y pornografía, en el que el juez Potter Stewart expresó: *"Lo reconozco cuando lo veo"* ("I know it when I see it", en inglés).

Este caso es fundamental en las normas actuales de la Comisión Federal de Comunicaciones (Federal Communications Commission, FCC).

¿Qué es obsceno, indecente o profano?

Cada término tiene una definición específica:

- **Contenido obsceno**: No está protegido por la Primera Enmienda. La Corte Suprema ha establecido una prueba de tres condiciones para determinar si el contenido es obsceno: debe apelar a los intereses lascivos de una persona promedio, ilustrar una conducta sexual "patentemente ofensiva" y carecer, en su conjunto, de valor literario, artístico, político o científico.

- **Contenido indecente**: Representa órganos sexuales o excretores o sus actividades de forma tal que no llega a ser obsceno según la prueba de la Corte Suprema.

- **Contenido profano**: Incluye lenguaje "sumamente ofensivo" considerado una molestia pública.

La FCC considera factores como la naturaleza del contenido, el horario de transmisión y el contexto para aplicar sus normas. La transmisión de contenido obsceno está prohibida en todo momento. Los contenidos indecentes y profanos están prohibidos por radio y televisión de emisión abierta entre las 6 a.m. y las 10 p.m., cuando es más probable que los niños estén en la audiencia.

¿Se aplican las mismas normas a cable y televisión satelital?

Dado que el contenido obsceno no está protegido por la Primera Enmienda, su transmisión está prohibida en todas las plataformas, incluidas cable, satélite y emisión abierta. Sin embargo, las normas que regulan el contenido indecente y profano no se aplican a cable y televisión satelital, ya que son servicios por suscripción. (Publicado por la FCC)

MANDAMIENTOS

Dirigido a quienes comunican a través de los micrófonos en medios de comunicación:

- No tratar temas personales sin interés para los oyentes, quienes perderán la sintonía.
- Evitar expresarse con resentimiento o frustración; su falta de profesionalismo siempre será evidente.
- Si no es comediante, no intente hacerse el gracioso, pues resultará en falta de seriedad.
- No entrar en discusiones triviales en medio del programa.
- No interrumpir un buen comentario para dar paso a llamadas anónimas sin importancia.
- No hacerse eco de rumores irresponsables; esto propaga versiones maliciosas.
- Ir a un programa sin guion es irresponsable, y la audiencia notará la falta de preparación.
- Hablar en "primera persona" (yo, yo, yo) muestra vacío existencial y resta profesionalismo.

- No llevar conflictos personales a los medios; su misión es informar, orientar y educar.

CUIDADO CON LA PROGRAMACIÓN PARA NIÑOS

Dado que hoy las obras literarias circulan globalmente a través de plataformas especializadas, invito a las autoridades de muchos países, especialmente en América Latina, a adoptar estas leyes y normativas para la protección infantil.

Si bien se copian refranes y expresiones norteamericanas, es momento de asumir también este enfoque en el respeto a través de los medios de comunicación.

La Ley de Televisión para Niños establece que cada estación de televisión diseñada para programación abierta debe atender las necesidades educativas e informativas de los niños.

Asimismo, limita el tiempo de publicidad que emisoras, operadores de cable y proveedores de televisión satelital pueden incluir en programas infantiles.

• Transmitir al menos ciento cincuenta y seis horas anuales de programación para niños, incluidas al menos veintiséis horas por trimestre que incluyan programas semanales planificados.

• Transmitir la mayoría de los programas centrales durante los horarios principales de programación.

- Las estaciones con múltiples transmisiones de programación en video pueden emitir hasta trece horas trimestrales de programas semanales planificados en una de sus señales.

PROGRAMACIÓN CENTRAL PARA NIÑOS

La programación central se diseña para satisfacer las necesidades educativas e informativas de los niños menores de dieciséis años, abordando tanto aspectos intelectuales como emocionales. Además, cumple con los siguientes requisitos:

• **Objetivo educativo**: Apoya las necesidades educativas e informativas de los niños como objetivo principal.

• **Duración mínima**: Tiene una duración de al menos treinta minutos, excepto en casos donde se permita a las estaciones de TV emitir programas breves.

• **Horario**: Se transmite en horarios entre las 6:00 a.m. y las 10:00 p.m.

• **Frecuencia**: Es una programación semanal y planificada, salvo excepciones aprobadas.

Las estaciones comerciales de televisión deben indicar a los editores y canales que un programa es educativo exhibiendo el símbolo **E/I** durante toda la transmisión. *(publicado por la FCC)*

Limitaciones de tiempo comercial

Las reglas de la FCC limitan la publicidad en programas infantiles: hasta diez minutos por hora los fines de semana y doce minutos por hora en días de semana para niños menores de doce años. Este contenido debe diferenciarse claramente de la programación. Las estaciones públicas de TV están exentas de estos límites.

Exhibición de direcciones web

La FCC permite la exhibición de sitios web en programas para niños menores de doce años solo si cumplen ciertos criterios:

- Ofrecen contenido de buena fe, sin fines comerciales.
- Distinguen claramente las secciones comerciales y no comerciales.
- No usan personajes del programa para comercializar productos.

Las emisoras de televisión, los operadores de cable y los proveedores de TV satelital no pueden mostrar sitios web que vendan productos con personajes del programa.

Las excepciones incluyen anuncios de servicios públicos y emergencias.

Seguimiento del cumplimiento de normas

Las estaciones comerciales de TV deben presentar informes anuales a la FCC sobre sus programas educativos, disponibles en el archivo de inspección pública en **publicfiles.fcc.gov**.

También deben mantener registros para verificar el cumplimiento de los límites de tiempo publicitario y permitir su inspección pública. *(publicado por la FCC)*

DISTORSIÓN DE NOTICIAS DIFUNDIDAS

La FCC recibe una amplia variedad de comentarios y quejas sobre la precisión o el sesgo en las noticias, señalando a redes, estaciones, reporteros o comentaristas en cuanto a la cobertura o la falta de cobertura de eventos.

Esta comisión cuenta con una política en contra de la "distorsión de noticias" que data de hace más de cincuenta años, de una época en la que las estaciones de difusión eran la principal fuente de noticias electrónicas. No obstante, la capacidad de la FCC para actuar en estas quejas siempre ha sido limitada.

Como se explica en la guía "La FCC y la Primera Enmienda", la agencia tiene prohibido, por ley, involucrarse en la censura o infracción de los derechos otorgados por la Primera Enmienda a la prensa.

Estos derechos incluyen, entre otros, la selección y presentación de noticias y comentarios por parte de la estación difusora.

La política de distorsión de noticias de la FCC es, en consecuencia, más restringida de lo que se suele entender por este concepto.

Los tribunales han sostenido que esta política "establece una distinción crucial entre la distorsión deliberada y la mera imprecisión o diferencia de opinión".

¿Cuál es la responsabilidad de la FCC?

El alcance de esta política está limitado. En primer lugar, la reglamentación solo aplica a los medios de difusión; la FCC no tiene poder para aplicarla a redes de noticias por cable, periódicos, boletines en línea o impresos, redes sociales, transmisiones exclusivas en línea u otras plataformas de noticias no relacionadas con medios de difusión.

En segundo lugar, solo se imponen sanciones si se comprueba que los medios han distorsionado deliberadamente un informe de noticias fáctico.

No se permite tomar medidas contra errores derivados de equivocaciones ni contra opiniones, independientemente de cuán poco fiables puedan parecer al público.

La FCC investigará un reclamo únicamente si primero recibe evidencia de la difusión en cuestión, demostrando de manera sustancial que la intención fue confundir deliberadamente a la audiencia.

Esta evidencia puede incluir testimonios de personas con conocimiento directo sobre una falsificación intencional, tales como instrucciones escritas o verbales de la gerencia de la estación, tomas descartadas o pruebas de sobornos.

Sin esta evidencia documentada y conforme a los requisitos legales, la FCC no puede intervenir.

Además, cualquier alegato de distorsión de noticias "debe involucrar un evento significativo y no solo un aspecto menor o incidental del informe".

La FCC no investiga simples reclamos de inexactitudes colaterales en los informes ni diferencias de opinión sobre la veracidad o validez de los elementos de un programa de noticias. *(Publicado FCC)*

CONCURSOS, LOTERÍA, RIFAS Y SOLICITUD DE FONDOS

A continuación, se presenta cómo se regulan estos temas sensibles en los Estados Unidos y en otros países comprometidos con el bienestar social. Existen casos donde las autoridades no consideran la importancia de regular y fiscalizar estas actividades, que en ocasiones pueden usarse como herramientas para prácticas ilícitas.

Leyes de la FCC en Estados Unidos
Las estaciones de radio y televisión de transmisión abierta deben cumplir las normas de la FCC al realizar concursos.

Esto incluye publicar claramente las reglas y seguirlas tal como se anunciaron. Las descripciones de los concursos no deben ser falsas ni confusas.

Loterías
La ley federal prohíbe la transmisión de publicidad sobre loterías, salvo en los siguientes casos:

- Loterías organizadas por el estado donde se transmite la publicidad y la estación está licenciada en dicho estado.

- Apuestas legales en tribus indígenas (Indian tribes).

- Juegos de azar lícitos en casinos, tanto dentro como fuera del estado.

- Loterías autorizadas o no prohibidas por el estado donde se publicitan, siempre y cuando sean organizadas por entidades sin fines de lucro o gubernamentales o en actividades promocionales de organizaciones cuya actividad principal no sea la realización de loterías.

- Concursos de pesca específicos.

Solicitud de fondos

La FCC permite la solicitud de fondos para fines lícitos, incluida la recaudación de contribuciones para gastos operativos de una estación.

Sanciones y quejas

Si se sospecha que una estación de radio o televisión ha violado las normas de la FCC sobre concursos, loterías o solicitudes de fondos, el público tiene el derecho de presentar una queja formal.

Las violaciones incluyen prácticas desleales, publicidad engañosa o incumplimiento de los reglamentos que protegen al público.

Presentar una queja es crucial para garantizar la transparencia en los concursos y la integridad de las emisiones.

Si se confirman las transgresiones, las sanciones pueden variar desde multas hasta la revocación de licencias.

Es fundamental que las estaciones operen bajo directrices adecuadas para promover la confianza del público y asegurar el cumplimiento de las leyes federales.

AL SERVICIO DE LA COMUNIDAD

En países que valoran el orden social, los medios de comunicación como la radio y la televisión tienen el mandato de destinar programación especial, no comercial, orientada a mejorar, orientar y prevenir en beneficio de la sociedad a la que sirven.

En Estados Unidos, incluso los medios comerciales autorizados deben remitir a la Comisión Federal de Comunicaciones (FCC, por sus siglas en inglés) un informe detallado de las horas y días en los que transmiten estos programas comunitarios.

Existen numerosos medios radiales y televisivos que operan bajo licencias "sin fines de lucro", aunque este es un tema aparte.

El primer medio comunitario conocido fue Radio Sutatenza, en Colombia, fundada en 1940 con el propósito de promover la educación popular y la alfabetización.

En esa misma década, en Bolivia surgieron las radios sindicales mineras, con un enfoque más politizado.

En España y en otros países del mundo, este tipo de medios también están presentes, muchos de ellos integrados en redes de alcance mundial, como la Asociación Mundial de Radios Comunitarias; en redes estatales, como la Red de

Medios Comunitarios y el Foro Argentino de Radios Comunitarias; o regionales, como la Unión de Radios Libres y Comunitarias de Madrid.

La realidad es que, en muchos países, las autoridades que regulan la radio y la televisión no exigen a los medios destinar tiempo o programas especiales de servicio educativo a sus comunidades locales ni imponen sanciones por la omisión de esta labor.

PERIODISMO / LOCUCIÓN

El periodismo no consiste en repetir lo que otros han dicho o en reafirmar párrafos inspirados y trabajados por otros. La locución no es simplemente modular o engolar la voz frente a un micrófono. Si estas actividades fueran tan sencillas, no se justificarían los años de formación universitaria requeridos para ser periodista y el entrenamiento especializado para ejercer como locutor profesional.

Estas profesiones, de gran valor y dignidad, a menudo son malinterpretadas y degradadas por quienes se autodenominan periodistas o locutores sin haber recibido la formación adecuada en un centro especializado. El periodismo no es chismorreo, extorsión, reproducción de rumores irresponsables o plagio de trabajos de profesionales que investigan, analizan y redactan equilibradamente antes de publicar su labor.

Portar un letrero en un vehículo o una credencial en el pecho que diga "Prensa" no define a un periodista o locutor. La mínima expectativa es que hablen correctamente, sean honestos, responsables y éticos. Un periodista no debería ser corrupto, chantajista ni permitir que sus necesidades personales pongan en entredicho su dignidad.

Tras cuatro años de formación, un periodista debe reflejar algo más que un charlatán en busca de atención; debe tener la capacidad de investigar, consultar, analizar y mantener una postura ética. Los verdaderos profesionales del periodismo y la locución no sucumben al poder, no se parcializan, y se rehúsan a vender sus publicaciones o ceder al chantaje.

"Los temas personales no deben ser difundidos por un medio de comunicación al menos que sea para aclarar alguna situación altamente comprometedora, que ya se haya hecho pública"

FORMATOS DE NOTICIA

La difusión de noticias en cualquier medio de comunicación representa un compromiso que exige una gran responsabilidad en términos de objetividad y honestidad, no solo por parte del departamento de prensa, sino también de la alta dirección. En ocasiones, esta responsabilidad se extiende a los propietarios de los medios de comunicación que las transmiten.

Es fundamental comprender los elementos básicos que permiten distinguir las diferentes facetas de la comunicación, que, aunque pueden estar interrelacionadas, no deben confundirse. A continuación, se presentan algunos ejemplos relacionados con el departamento de noticias de un medio de comunicación:

Reportero

La función del reportero es narrar los hechos de manera precisa, sin añadir palabras innecesarias. Debe evitar mostrar emociones como satisfacción, enojo, ira, compasión, frustración o lástima respecto a lo que está informando. Su estilo y ritmo deben ser coherentes y alineados con la línea editorial del medio informativo que representa, sin caer en melodramas, sensacionalismo o parcialidad.

Locutor

La tarea del locutor consiste en seguir un guion y leer palabra por palabra el contenido elaborado por el departamento de noticias ya sea en papel, dispositivos electrónicos o mediante un "teleprompter".

Es crucial que mantenga el formato y estilo del noticiario, evitando insinuaciones y absteniéndose de emitir opiniones sobre la noticia que está presentando.

Editorial

No todos los medios publican editoriales, pero aquellos que lo hacen comprenden que esta es una manera de expresar la opinión oficial de la alta dirección y, en ocasiones, de los propietarios. Los editoriales son la voz seria y central de los líderes y directores de un medio de comunicación.

Representan el sello que establece la postura, identifica la política y refleja los sentimientos de la empresa, dejando claro qué acciones aprueban o desaprueban en relación con el desarrollo social y político de la comunidad, la ciudad o el país donde operan.

Los editoriales son siempre elaborados y redactados por profesionales altamente capacitados y de confianza, quienes comprenden los intereses de los propietarios de los medios que los publican.

REGLA Y CONTROL PARA LAS LLAMADAS AL AIRE

Las llamadas de los oyentes que sintonizan un programa determinado solo deben "ir al aire" cuando lo decida el productor o conductor del espacio.

El poner un comentario, análisis o entrevista al aire o una llamada anónima que desvíe el tema central del programa es considerado poco profesional y de mal gusto, ya que interrumpe la continuidad de un buen comentario o la participación de un invitado interesante.

Los medios profesionales filtran las llamadas antes de que salgan al aire; un operador, asistente o el control maestro dialoga con la persona para determinar si su intervención merece ser emitida.

Los oyentes o televidentes son informados sobre el momento adecuado para participar; nunca se permite que salgan al aire simplemente porque decidan llamar.

A menudo, estas llamadas pueden perjudicar el contenido del programa, ya que pueden incluir incoherencias, insultos, publicidad no pagada, o repeticiones de los mismos individuos que padecen de incontinencia verbal. Algunos incluso provocan interferencias debido a un volumen excesivo.

Muchos de estos interlocutores, en su mayoría sin oficio, han ganado notoriedad gratuitamente, pues suelen llamar repetidamente e incluso en varias ocasiones durante el mismo programa.

Peor aún son los conductores que permiten esto y a menudo lo celebran. Si valoran tanto que su voz se escuche al aire, ¿por qué no alquilan un espacio en alguno de los numerosos medios de comunicación que ofrecen esta posibilidad?

Los medios convencionales (radio y televisión) los otorga el Estado de cada país.
¿Pudiéramos entender que el gobierno es responsable de todas las vulgaridades, ofensas y groserías que se difunden a través de dichos medios?

LA IMPORTANCIA DE UN MEDIO DE COMUNICACIÓN

Afortunadamente, millones de personas reconocen la importancia de un buen medio de comunicación.

La evidencia palpable de esto se refleja en el considerable número de medios que son sostenidos económicamente por individuos, empresas e instituciones que, de manera voluntaria, realizan aportes fijos para mantener en el aire emisoras de radio y canales de televisión en todo el mundo.

Estos canales de televisión y emisoras de radio se han convertido en guías para millones, quienes aprenden, toman precauciones y se informan sobre los temas que les interesan. Se han transformado en compañeras fieles y legítimas de miles de personas.

Los medios de comunicación benefician a su comunidad de diversas maneras: promueven eventos familiares, anuncian gratuitamente actividades locales, crean y publican oportunidades de empleo, y participan en graduaciones y eventos deportivos y culturales. Además, fomentan el crecimiento social y económico, mientras educan sobre el impacto ambiental y la convivencia pacífica.

Es importante destacar que no nos referimos exclusivamente a medios comunitarios sin fines de lucro; cualquier medio puede optar por ser útil a su comunidad y su entorno.

• La radio y la televisión pueden contribuir defendiendo la democracia, respetando la pluralidad de opiniones y denunciando abusos.

• Pueden ser parte de las soluciones a problemas sociales, promoviendo la educación, la ciencia, la cultura y el deporte.

• Deben fomentar el conocimiento, las buenas costumbres, las actividades de su sector y, especialmente, alertar sobre peligros y catástrofes.

FORMATOS DE PROGRAMACIÓN

Existen diversos formatos en los medios de comunicación, pero en este breve libro solo señalaremos algunos de los más conocidos en la radio y la televisión actuales. Hay medios que operan bajo un formato que se limita a alquilar espacios a programadores independientes; es decir, no cuentan con programación propia.

En estos casos, los interesados en tener su propio espacio se presentan en la oficina del medio que renta el espacio, firman un contrato por el tiempo que desean utilizar para su programa y pagan por ese tiempo. En tales circunstancias, el medio se deslinda completamente de cualquier responsabilidad, incluida la facturación, dado que el propietario del medio debe cubrir el costo del espacio contratado.

El contrato especificará las normas y reglas a seguir, y así comienza todo. El medio de comunicación siempre incluirá un "disclaimer", que es un descargo de responsabilidad: un breve mensaje que lo exime de cualquier concepto que se emita desde ese programa.

Por otro lado, existen medios que no alquilan espacios, o lo hacen de manera muy limitada y discreta. Estos medios cuentan con programación propia; todo lo que se transmite al aire se realiza bajo su propia concepción, modelo y formato.

LA IDENTIFICACIÓN (ID) DEL MEDIO

En muchos países, es obligatorio que los medios electrónicos, otorgados y licenciados por el gobierno, incluyan cada hora la identificación (ID) legal oficial de la emisora o canal de televisión asignada por el Estado. Un ejemplo de esto es Estados Unidos, donde esta norma es exigida, y aunque el medio transmita su programación en español u otro idioma, la identificación debe difundirse en inglés.

La identificación oficial de la estación consiste en las letras que la identifican, seguidas inmediatamente por el nombre de la zona donde opera, tal como se especifica en la licencia. Además, se debe incluir el nombre del titular de la frecuencia y el número de canal televisivo según lo indicado en la licencia.

La difusión de esta identificación beneficia a todas las partes involucradas: ayuda a la estación al repetir su nombre, y en el caso de la televisión, se ve y se escucha el audio y el logo del canal. Los oyentes memorizan el nombre y las siglas del medio, lo que les permite sintonizar sin confusión.

El gobierno, a través de su departamento de Telecomunicaciones, no tiene que adivinar qué radio o canal está sintonizando el público, ya que cada hora se emite la identificación con las especificaciones correspondientes. Esta ID es similar a una identificación personalizada o exclusiva, comparable a los códigos que se utilizan para asignar a aparatos, vehículos, aviones, etc.

LA PUBLICIDAD, LOS COMERCIALES

La publicidad es un tema complejo y en constante evolución, pero cuando el departamento de publicidad de un medio se organiza, establece rutinas y simplifica los procesos.

El orden, el estilo y el modelo profesional establecen que se deben colocar 12 minutos de publicidad cada hora, mientras que los 48 minutos restantes se deben llenar con contenido que cautive al oyente o televidente. Muchos optan por limitar los comerciales a 10 minutos por cada hora.

Los profesionales del sector nunca alteran el ritmo de su programación para incorporar publicidad; si la cantidad de anuncios comerciales es abundante, se recomienda aumentar los precios en lugar de los minutos de publicidad. Aunque pueda parecer arbitrario, nadie permanece sintonizado a un medio que abusa de los comerciales.

Independientemente de la abundancia o escasez, el formato debe permanecer constante: siempre 12 minutos de comerciales y 48 minutos de contenido. Si no hay comerciales suficientes para cubrir los 12 minutos, se deben colocar "promos" de la radio o el canal.

Las colocaciones se distribuyen de la siguiente manera: tres pautas de cuatro minutos cada una; si los comerciales son de 30 segundos, se pueden emitir hasta 24 anuncios por hora. Las pautas no son ordenadas por el conductor, sino que deben ser controladas y cumplidas desde el Master por el operador. Esto no debe ser improvisado, ya que el departamento de ventas de publicidad ha hecho un compromiso con el cliente y ha entregado un documento escrito que especifica la pauta y el horario en que se emitirá su comercial.

Es un error referirse a esto como "vamos a la pausa"; en realidad, es una PAUTA, regida por un documento guía que el operador debe cumplir con rigurosidad. Este es el negocio del canal o de la radio; no se debe jugar con ello.

El horario recomendado para la colocación de los comerciales es a los 0:15, 0:30 y 0:45 de cada hora, asegurando así que se mantengan los 12 minutos de comerciales divididos en tres pautas.

¿CÓMO SE DICE?

Incorrecto	Correcto
diferiencia	diferencia
hubieron	hubo
haiga	haya
celebro	cerebro
indiosincracia	idiosincrasia
son la 1:00 p.m.	Es la 1:00 p.m.
Uropa	Europa
esternudó	estornudó
alberdrio	albedrío
deligencia	diligencia
añual	anual
basudero	basurero
semáfaro	semáforo
vistuario	vestuario
innundación	inundación
riversa	reversa

Es importante evitar expresiones redundantes como "subir para arriba" o "bajar para abajo". Asimismo, frases como "salir para fuera", "entrar para adentro" y "reversa para atrás" deben ser evitadas.

También es fundamental reconocer las diferencias entre ciertas palabras que pueden causar confusión, tales como "mar" y "mal", "carmen" y "calma", así como entre "hecho" y "echó", y "votar" y "botar".

COSAS QUE NO PASAN DONDE HAY CRITERIO

Inexplicable

Es incomprensible observar cómo algunos dueños de programas en radio y televisión llegan con diez o quince minutos de retraso. Ordenan al operador del Master Control que repita comerciales mal producidos o que ponga un video musical aleatorio. Lo más risible es que, al despedir su deficiente programa, desean excederse en el tiempo asignado y se incomodan si el "pobre operador" no se lo permite.

Propietarios o Conductores

Algunos propietarios o conductores de programas entran en pánico al recibir una llamada. Abandonan intempestivamente el comentario o la entrevista en curso para atender una llamada que a menudo no tiene relación con el tema, que puede ser un simple saludo o incluso un insulto hacia el comentarista. Las llamadas de los oyentes deben ser solicitadas por el conductor del programa, y para ello se asigna un espacio específico para interactuar con el público.

Las cabinas de radio y los escenarios de televisión son frecuentemente visitados por personas que entran y salen como si estuvieran en su propia casa, sin previo aviso. En un entorno donde predomine el orden y el respeto, este comportamiento es inaceptable.

La mayoría de quienes permiten este tipo de desorden suelen elogiar a los medios donde se actúa de manera profesional, pero al mismo tiempo aceptan y fomentan el caos en sus propios espacios. Tienen un programa que supuestamente se emite de lunes a viernes, pero algunos solo asisten tres días a la semana. Los viernes, rara vez se presentan para realizar su programa; en cambio, en los medios establecidos, esto no sucede.

Finalmente, entre esas malas prácticas se encuentra el saltarse bloques de comerciales, incumplir con los compromisos adquiridos con los patrocinadores, y si hay mucho contenido o un buen invitado, rompen y alteran las reglas establecidas. Por otro lado, cuando no tienen nada que comentar, duplican y triplican las inserciones publicitarias. Esto representa un desorden total.

LAS ENTREVISTAS

Realizar una buena entrevista es casi un arte que se basa en las habilidades, la preparación y el sentido común de quien la conduce. Una entrevista no es un circo, ni una pelea, ni una competencia de elogios y alabanzas.

Uno de los primeros requisitos es que el entrevistador controle su ego y evite la creencia de que es el centro de atención. Lo importante en ese momento es no interrumpir al entrevistado para expresar opiniones o hablar de su propia trayectoria. Un buen entrevistador comienza de manera suave y cordial, con el objetivo de ganarse la confianza del entrevistado, buscando que este se "abra", se relaje y comparta su historia sin temor a sentirse atrapado en una encerrona disfrazada.

Desafortunadamente, muchos entrevistadores actúan como si estuvieran en un ring de boxeo, en un pleito a pedradas, o en una competencia de insultos, donde se cree que se gana al agredir o elevar la voz. La entrevista debe ser un medio para conocer más sobre un tema, provocar revelaciones inéditas o entender mejor a la persona que se está entrevistando, no un espacio para menospreciar, descalificar o atacar al invitado, ni para ridiculizarlo públicamente desde su plataforma como si se tratara de un campo de batalla.

No estamos sugiriendo que la entrevista deba ser un intercambio de halagos y elogios para inflar egos. El entrevistador no debe mostrar admiración ni rechazo hacia su entrevistado, y no debe posicionarse como un fanático ni como un adversario.

Sugerencias para

Hacer una Entrevista Profesional

Haga que la entrevista se desarrolle como una conversación inteligente.

1. Evite preguntas que comprometan la integridad; evite ser necio o imprudente.

2. Nunca se desvíe de los temas que motivaron la entrevista.

3. No haga demasiadas preguntas ni hable más que el entrevistado.

4. Controle el tiempo en cada segmento con prudencia y delicadeza.

5. No intente robar el show mostrándose agresivo hasta ofender.

6. Demuestre formación y preparación, y cuide su lenguaje corporal y actitud.

LA POPULARIDAD Y LA FUERZA DE UN MEDIO

Nadie pierde el pelo o se llena de canas más rápidamente que el director o gerente general de una emisora de radio o canal de televisión que opere en un país o ciudad donde se midan los niveles de popularidad, conocidos en inglés como "ratings". Estas mediciones se realizan regularmente de manera trimestral: primavera, verano, otoño e invierno.

Las mediciones se basan en grupos de edad, que pueden ser, por ejemplo, de 18 a 54 años y de 55 a 68 años. Esto es solo un ejemplo, ya que depende de la segmentación del sistema empleado. Para medir el número de espectadores que están viendo la televisión en cada momento del día, se utiliza un audímetro. Este dispositivo, similar en apariencia a un magnetoscopio doméstico, registra el programa de televisión que se está visualizando en cada instante.

Un audímetro es un aparato que se conecta a algunos televisores y mide la audiencia de manera permanente y automática; sus datos se utilizan para generar estadísticas. El término proviene de "audire" (oír en latín) y "metro" (medidor).

¿Cómo se mide la audiencia de un programa de radio?

Para calcular el Rating Personas, se aplica la fórmula: 0.01 * 100,000 = 1,000 Rating Personas. Esta expresión porcentual representa la proporción de menciones asignadas a una emisora en relación con el total de menciones encendidas.

¿Cómo se mide el rating en la televisión?

La medición del rating se realiza comúnmente a través del "people meter", un dispositivo electrónico instalado en los hogares seleccionados para la evaluación. Este aparato registra automáticamente cuándo se enciende la televisión y qué canal está sintonizando.

¿Cómo saben cuántas personas ven un programa?

Nielsen Media mide quién ve programas en todo el país mediante el Nielsen People Meter. En la muestra nacional, Nielsen instala contadores fijos, que incluyen un accesorio llamado "medidor de personas". Este contador, del tamaño de un libro de bolsillo, se coloca encima o cerca de cada televisor.

¿Cómo se determinan los ratings de radio y televisión?

Nielsen utiliza una técnica de muestreo estadístico para calificar los programas. Crea una "audiencia de muestra" y cuenta cuántos de esa audiencia ven cada programa. Luego, Nielsen extrapola la muestra y estima el número de espectadores de toda la población que ven el programa.

El Portable People Meter (PPM), también conocido como Nielsen Meter, fue un sistema desarrollado por Arbitron (ahora Nielsen Audio) para medir cuántas personas están expuestas a estaciones de radio y televisión individuales. Esto también incluye la televisión por cable.

Para los medios de comunicación, la información es un bien invaluable. En España, las audiencias de televisión son medidas por la empresa Kantar Media.

TEMAS SUELTOS RELACIONADOS

Estimado lector o lectora, para continuar con los temas relacionados, compartimos algunos datos relevantes sobre los asuntos tratados en este breve libro.

La historia de la radio comenzó en 1887, cuando el físico alemán Heinrich Hertz detectó radiación electromagnética, que había sido predicha veinticuatro años antes por James Clerk Maxwell, a partir de cargas eléctricas poderosas. Las ondas FM (frecuencia modulada) son una modulación angular que transmite información a través de una onda portadora, variando su frecuencia, en contraste con las ondas AM, que varían la amplitud y mantienen la frecuencia constante.

El 25 de marzo de 1925, el inventor escocés John Logie Baird realizó la primera exhibición pública de imágenes en movimiento en televisión. Se suele considerar que los receptores mecánicos de televisión eran demasiado complejos para la mayoría de los hogares y carecían de la calidad de imagen suficiente para justificar su uso.

Según la investigación de Vázquez (2015), en 1924 se llevó a cabo la primera transmisión radial, y su primera estación fue ZP5 Radio Paraguay. Brasil es el país con el mayor número de estaciones, seguido, en su orden, por Perú y Chile.

A finales de 2016, Estados Unidos contaba con el mayor número de emisoras de radio, alcanzando un total de 24,447. Noruega, que ocupa el primer lugar, ha visto disminuir su puntuación política. Irlanda (octavo lugar), donde los políticos han sometido a los medios de comunicación a intimidaciones judiciales, ha cedido su posición de liderazgo en la Unión Europea a Dinamarca (segundo lugar), seguida de Suecia.

Estados Unidos es el mercado de medios más grande del mundo. En términos de tiempo dedicado a fuentes seleccionadas de entretenimiento, los usuarios de Internet en el país pasan cerca de siete horas diarias en línea y aproximadamente dos horas y 16 minutos en plataformas de redes sociales. Radio Zutatensa de Colombia fue la primera emisora comunitaria sin fines de lucro.

ACCIONES QUE ARRUINAN UN MEDIO DE COMUNICACIÓN

- La falta de interés.
- La mediocridad.
- La impuntualidad.
- La falta de originalidad.
- La chapucería.
- El irrespeto.
- La deshonestidad.

Es grave el ego de los talentos o directores que se consideran "estrellas imprescindibles".

Es inaceptable la vagancia de quienes, sabiendo que deben hacer su trabajo, eligen no hacerlo.

Se observa irresponsabilidad entre locutores que son vagos, impuntuales, copiones, vulgares yególatras.

Los operadores de Control Master, aunque físicamente presentes en la cabina, tienen la mente distraída.

Programas que inician con una tanda de comerciales en lugar de comenzar con algo impactante que capte la atención de los oyentes.

Espacios que inician y terminan en horarios aleatorios, lo que confunde a la audiencia.

Conductores que solo repiten en sus programas lo que otros han dicho, en lugar de ofrecer contenido original.

Conductores que trasladan sus frustraciones personales al aire.

Programas donde "montar voces" es común, aunque el mensaje resulte incomprensible.

Medios de comunicación que no respetan guiones ni pautas, operando sin orden ni dirección y sin tener en cuenta el tiempo. Lo peor es que, si un tema es entretenido para los conductores, los compromisos comerciales quedan relegados.

PÁRRAFOS RELACIONADOS

- La historia y los récords marcan el 30 de septiembre de 1915 como la fecha de la primera transmisión de radio, que ocurrió en el Metropolitan Opera House de Nueva York. Hoy se recuerda como el inicio de la era de los medios de comunicación masiva.

- El origen de la televisión, aunque hay algunas contradicciones, se remonta a finales del siglo XIX con la investigación de científicos en la experimentación de imágenes mediante ondas electromagnéticas. John Logie Baird, en 1926, transmitió las primeras imágenes en un televisor, copiando el sistema de la radio.

- Los archivos indican que la primera transmisión de prueba para establecer comercialmente la televisión a color fue en 1963. El lanzamiento comercial en color comenzó en junio de 1966, y las transmisiones en color a tiempo completo comenzaron en 1971. La primera transmisión de prueba en color fue el discurso de Año Nuevo del presidente Urho Kekkonen en 1969.

- En cuanto a la diferencia entre radio AM y FM, la explicación técnica es extensa, y consideramos que pocos lectores podrían comprenderla en su totalidad. Por ello, resumimos que la amplitud modulada (AM) llegó primero que la frecuencia modulada (FM). Es más costoso y complicado operar una radio AM que una FM; estas últimas tienen un alcance mayor y su sonido es mucho más limpio y detallado.

- Muchos países han eliminado la radio AM por diversas razones; sin embargo, en Estados Unidos, todas las emisoras que transmiten en AM se mantienen en el aire, operando como un gran negocio con talentos importantes y caros. A la hora de vender o comprar una de estas frecuencias, se habla de millones de dólares.

- En mercados importantes, se afirma que la radio, a pesar del avance de Internet, tiene muchos años más de existencia. Un indicativo es que aún se siguen colocando radios receptoras estándar en vehículos terrestres y marítimos.

- La televisión, por otro lado, enfrenta una posible desaparición como instrumento comercial. Hoy, las empresas que registran y miden los mercados de audiencia muestran cómo el número de televidentes disminuye día a día. Antes, las audiencias abarcaban todas las edades; ahora, los televidentes que quedan son principalmente mayores de sesenta años.

- Nielsen es la empresa que mide los niveles de audiencia en Estados Unidos, y en septiembre de 2013 anunció la compra de Arbitron, Inc., la cual era la líder internacional en investigación de medios y marketing.

- Cada país emplea su propio método para medir niveles de audiencia, no solo en radio y televisión convencional, sino que hoy se mide prácticamente todo, incluso los papelitos de caramelos que se lanzan a las calles.

- Radio Sutatenza fue la primera emisora de radio colombiana que emitió programas educativos y culturales sin fines comerciales para su comunidad, desde 1947 hasta 1989.

- Argentina fue el primer país de América Latina en emitir una señal de radio en 1920, seguido por México en 1921, y en 1922 comenzó en Brasil, Chile y Cuba. Cada año se sumaron más países con señales de radio activas. En la mayoría de los países de nuestra región, la tecnología utilizada para implementar la radio fue proporcionada por la Marconi Company.

- Como autor de este libro, recomiendo no iniciar discusiones motivadas por disparidades e inexactitudes en las fechas que supuestamente marcan el inicio de algunas operaciones relacionadas con la radio y la televisión. En mis investigaciones, he encontrado muchas contradicciones. Por ejemplo, leí que, en América Latina, la primera prueba de televisión fue en México en 1950, seguida por El Salvador en 1956 y Perú en 1958, lo que no coincide con otras afirmaciones.

- La llegada y el afianzamiento de los medios digitales han transformado completamente los modelos que prevalecieron en radio y televisión durante años. Hoy se realizan cosas insospechadas en un mundo normal, todo a través de dispositivos como computadoras, tabletas o teléfonos celulares.

Mientras muchos gobiernos han apagado y abandonado las emisoras que transmitían en amplitud modulada (AM), en Estados Unidos todas están operando, y sus precios en el mercado son millonarios. En la actualidad, sabemos de locutores y productores que perciben sueldos y beneficios millonarios cada año, trabajando para la radio AM.

¿DESAPARECERÁN LOS MEDIOS CONVENCIONALES?

Hemos escuchado a muchas personas participar en conversaciones sobre lo que creen que podría ocurrir con los medios de comunicación en un futuro no lejano, específicamente con la radio y la televisión. Las opiniones están divididas: algunos creen que estos medios tienen los días contados, mientras que otros piensan que sobrevivirán a todas las innovaciones que evolucionan en los mercados.

Desde nuestro punto de vista, aunque veamos depósitos de basura llenos de televisores de plasma, que hace poco eran considerados un lujo, y aunque hoy sea raro ver o escuchar radios funcionando en los hogares, a estos medios les quedan años de vida. La gente sigue adquiriendo televisores, por supuesto, impulsados por las nuevas tecnologías que ofrecen los fabricantes y que demanda el mercado.

Lo mismo ocurre con la radio, que continúa siendo un medio importante de comunicación en vehículos de todo tipo. De hecho, ya hay una propuesta en el Congreso de los Estados Unidos que aboga por no eliminar la amplitud modulada (AM) de los radios que operan en vehículos, a pesar de los rumores al respecto.

La juventud, aunque no consuma contenido de canales tradicionales, sigue adquiriendo televisores para darles otros usos. La mayoría de la población que en 2025 tenga 60 años o más continuará escuchando la radio y viendo sus canales de televisión de la misma manera que lo hacían sus antecesores.

En conclusión...

En nuestra despedida, hacemos un sincero reconocimiento a todas las personas que no solo aman los medios de comunicación, sino que también los respetan, como muestra de su comprensión de la importancia de estos en la sociedad.

Amar y respetar los medios implica NO distorsionarlos ni trivializarlos con banalidades, tales como saludar en medio de un programa o bloque informativo, usar bromas pesadas o reírse durante la descripción de un hecho trágico.

No es necesario saludar o mencionar, en cada hora y en todos los programas, a los dueños y/o directores del medio de comunicación. Esto no sirve para nada, excepto para fomentar un culto a la persona y degrada a quien lo hace.

Un medio profesional, que se respete, no debe ser utilizado para lisonjear, extorsionar, insultar, amenazar, pedir, calumniar, promover contiendas, ni mucho menos para inflar egos o promover cultos a personas.

Los medios de comunicación bien operados generan riqueza, son fuente de empleo, educan, orientan, apoyan a sus oyentes, promueven valores, combaten y enfrentan las malas acciones, al tiempo que defienden la democracia del país en el que operan.

Una persona indigna, desprestigiada y llena de miseria humana no debe tener acceso a los micrófonos de un medio de comunicación masivo.

Confiamos en que el contenido de este pequeño libro haya sido un modesto aporte y que contribuya de manera positiva y edificante a su conocimiento sobre los medios de comunicación.

EPÍLOGO

El libro Radio y Televisión de Leonel Peña cierra con una reflexión sobre la evolución de los medios de comunicación y su impacto en la sociedad moderna.

Peña, con una vasta experiencia como empresario en Miami y profundo conocimiento de las dinámicas de la radio y televisión, nos ha guiado a través de un viaje revelador por los entresijos de estos fascinantes mundos.

Desde las cabinas de radio hasta los platos iluminados de los canales de televisión, cada detalle ha sido cuidadosamente descrito, ofreciendo al lector no solo información técnica sino también una visión crítica de la industria.

Leonel Peña no solo se limita a describir el funcionamiento de los estudios y la labor de los camarógrafos, prompters y equipos de producción, sino que también analiza los cambios drásticos que estos medios han experimentado a lo largo de las últimas décadas.

La transición de lo analógico a lo digital, la influencia de la tecnología en la manera de producir y consumir contenido, y la creciente importancia de las plataformas digitales son solo algunos de los temas que aborda con maestría y claridad.

Su perspectiva no solo informa, sino que también provoca una reflexión profunda sobre el rumbo que han tomado los medios de comunicación.

A lo largo de las páginas, Peña nos recuerda que, aunque la tecnología ha traído consigo grandes beneficios y posibilidades de innovación, también ha planteado desafíos importantes.

En su análisis, enfatiza la importancia de mantener la ética y la integridad en un entorno que a menudo es tentado por el sensacionalismo y el contenido poco constructivo.

Para él, el propósito de la radio y la televisión debe seguir siendo educar, informar y entretener de manera responsable, sin caer en excesos o conductas inapropiadas.

El autor concluye que la clave del éxito en estos medios es mantener un equilibrio entre la modernidad y los valores tradicionales. Las bromas de mal gusto, la falta de profesionalismo y el amarillismo, advierte Peña, solo llevan a una decadencia del contenido que estos medios ofrecen.

Por ello, su llamado final es a los profesionales de la industria a renovar su compromiso con una programación de calidad, que respete la inteligencia del público y que contribuya al desarrollo cultural y social.

Este libro es, sin duda, un testimonio valioso del recorrido de Leonel Peña en el mundo de la radio y la televisión.

Más que un manual, es una guía que inspira a las nuevas generaciones a trabajar con pasión, conocimiento y responsabilidad, y a seguir transformando estos medios con la misma visión que él ha defendido durante su carrera.

Radio y Televisión es un legado que perdura y educa, dejando una huella indeleble en quienes buscan comprender y contribuir a la evolución de la comunicación moderna.

¡Ahora prepárese para descubrir la historia increíble y conmovedora historia de Leo Roca!

Un joven inmigrante latino que, a pesar de enfrentar innumerables obstáculos, nunca se rindió.

Apoyado por una fe inquebrantable y un deseo ardiente de triunfar, Leo transformó su vida y alcanzó lo que muchos consideran imposible: ganar millones de dólares en la Radio AM de Miami.

Esta es la historia real de un luchador incansable, cuyo éxito no solo inspira, sino que impacta profundamente.

¡Leo Roca, el nombre que redefinió el poder del sueño latino en Estados Unidos!

LEO ROCA

¡Nadie lo ayudó, venció los obstáculos y triunfó!

Leo Roca, un joven dominicano de 23 años, llegó a Miami el 27 de febrero de 1986, proveniente de Houston, Texas con un sueño en mente: lanzar un proyecto relacionado con la fotografía familiar. Sin conocer la ciudad ni tener a nadie en quien apoyarse, tuvo que pagar veinte dólares diarios a un señor para que le enseñara a moverse por las calles y avenidas de Miami. A pesar de su entusiasmo, su primer intento de establecerse como empresario fracasó en menos de tres meses debido a la fuerte competencia que ofrecía servicios fotográficos en veinticuatro horas.

Este fue un duro golpe para cualquier soñador, pero Leo no estaba dispuesto a rendirse. Enfrentado al fracaso, se encontró en una encrucijada. ¿Regresar a su país con las manos vacías o seguir adelante en una de las ciudades más peligrosas de Estados Unidos? La respuesta fue clara: "No podía volver derrotado", se dijo. Con esa firme determinación, decidió dar la batalla en Miami.

PRIMEROS FRACASOS
EL RENACIMIENTO
DE SU ESPÍRITU EMPRENDEDOR

Después de su fracaso inicial, Leo consiguió un trabajo vendiendo impresos para una pequeña imprenta.

Su salario era tan bajo que apenas le alcanzaba para la gasolina, pero lo complementaba con las comisiones que obtenía por ventas.

Aunque no conocía bien la ciudad y el trabajo no le proporcionaba estabilidad financiera, Leo continuó esforzándose.

"Era lo único que tenía en ese momento", comenta Leo sobre esos primeros días.

Contra todo pronóstico, y gracias a su perseverancia, Leo terminó comprando esa misma imprenta.

Fue una sorpresa tanto para los propietarios como para él mismo. La compra se realizó a crédito, con facilidades de pago, y Leo se convirtió en el propietario de la imprenta, ubicada en un lugar estratégico cerca del aeropuerto.

Además de administrar su imprenta, Leo creó la revista "Quisqueya", que distribuía personalmente por los negocios locales. Este proyecto, aunque pequeño, fue el comienzo de una serie de logros inesperados.

EL INICIO DE SU CARRERA RADIAL

A finales de 1986, Leo sintió que su vida profesional había alcanzado un punto crucial. Después de meses de incertidumbre y luchas financieras, su mente comenzó a explorar nuevas posibilidades. Fue entonces cuando decidió lanzarse al mundo de la radio, una de sus pasiones desde joven.

El 9 de noviembre de 1986, Leo lanzó su propio programa radial en Miami, una ciudad donde el mercado hispano estaba dominado por la comunidad cubana.

A pesar de que su experiencia previa en la radio de su país lo preparaba para este momento, las barreras culturales no tardaron en aparecer.

Leo fue rechazado por varias emisoras, que preferían locutores con acento cubano. Sin embargo, no se dejó intimidar. Con su espíritu emprendedor, consiguió un espacio independiente para producir y animar su programa.

"Sabía que mi lugar estaba en la radio, aunque al principio nadie más lo viera", recuerda Leo con firmeza.

UN ENFRENTAMIENTO INESPERADO

A pesar de su entusiasmo, Leo se enfrentó a una serie de desafíos inesperados. Apenas había pasado un mes desde el inicio de su programa cuando recibió una devastadora noticia: la gerencia de la emisora había decidido suspender su espacio sin una explicación clara. Esta suspensión lo dejó profundamente abatido.

"No entendía por qué me estaban cerrando las puertas cuando apenas había comenzado", comenta Leo.

Más tarde se enteró de que su infracción había sido tocar una canción de Sonia Silvestre, una artista dominicana, considerada comunista en los círculos del exilio cubano de Miami.

"Fue un golpe duro, pero no me rendí", recuerda Leo. A los pocos días, la emisora decidió darle una segunda oportunidad, y Leo regresó a la radio más decidido que nunca.

CONSOLIDANDO SU LUGAR EN LA RADIO

Tras su regreso, Leo no solo retomó su programa, sino que lo amplió a ocho horas cada domingo.

Lo que había comenzado como un pequeño espacio radial se convirtió en una plataforma que lo consolidó como una figura clave en la radio AM de Miami.

"El universo parecía alineado conmigo en ese momento", afirma Leo.

En cuestión de meses, Leo también lanzó su propio programa de televisión en tres canales locales, solidificando su posición como una voz influyente en la comunidad latina de Miami.

LOS COSTOS DEL ÉXITO

El éxito no vino sin sacrificios. El agotamiento físico y mental le pasaron factura a Leo, quien, tras meses de intenso trabajo, fue hospitalizado por estrés y mala alimentación.

Durante siete días, estuvo postrado en una cama de hospital, donde reflexionó sobre los excesos que lo habían llevado a ese punto.

"Era difícil para mí dejar de trabajar. Sentía que, si me detenía, perdería todo lo que había construido", confiesa Leo.

A pesar de las recomendaciones médicas, Leo volvió rápidamente a su rutina, demostrando su carácter incansable, pero también ignorando las advertencias sobre su salud.

EL IMPACTO
EN LA COMUNIDAD LATINA

Leo no solo era una figura de éxito en los medios, sino también un líder comunitario.

Organizó ferias, eventos culturales y promovió causas en apoyo a los inmigrantes latinos en Miami.

Su programa radial no solo entretenía, sino que también brindaba ayuda y orientación a aquellos que, como él, habían llegado a Estados Unidos buscando una vida mejor.

Entre sus iniciativas más populares, Leo fundó un Club de Oyentes, donde sus seguidores participaban en sorteos de boletos aéreos y vehículos, además de recibir regalos como útiles escolares y pagos de servicios esenciales como la electricidad y el alquiler.

"Siempre he creído que el éxito debe compartirse", afirma Leo, quien fue homenajeado por su labor social y su impacto en la comunidad.

SUPERANDO LAS BARRERAS CULTURALES

En una ciudad donde el exilio cubano tenía un control abrumador sobre los medios hispanos, Leo tuvo que enfrentarse a la resistencia de grupos que no querían que su voz resonara en la radio.

"Hubo momentos en los que sentí que estaba luchando contra todo un sistema", recuerda Leo, quien en más de una ocasión se vio envuelto en conflictos con figuras del exilio cubano por su decisión de tocar música de artistas dominicanos como Sonia Silvestre o de defender a otros músicos dominicanos que eran acusados de simpatizar con el comunismo.

EL VALOR DEL DINERO

Con el éxito de su carrera en la radio y la televisión, Leo comenzó a generar ingresos significativos.

Sin embargo, su enfoque no estaba en el dinero, sino en el bienestar de su familia y su comunidad.

"No me volví loco con el dinero. Para mí, siempre fue más importante mantener mi integridad y ayudar a los demás", comenta Leo.

Con los frutos de su trabajo, invirtió en propiedades rentables y en negocios que le aseguraron una vida cómoda, pero nunca dejó que el dinero se convirtiera en su prioridad.

RECONOCIMIENTOS A SU TRAYECTORIA

A lo largo de su carrera, Leo recibió numerosos reconocimientos por su trabajo y su impacto en la comunidad.

Entre ellos, destaca la designación del "Día de Leo Roca" en el Condado de Miami-Dade en 2010, un reconocimiento que refleja su dedicación y esfuerzo a lo largo de los años.

Leo también ha sido galardonado con el Micrófono de Oro del Círculo Dominicano de Locutores, y ha recibido homenajes tanto en Miami como en su país natal, la República Dominicana.

REFLEXIONES FINALES

La historia de Leo Roca es la de un hombre que se negó a ser derrotado.

A través de su fe, su tenacidad y su trabajo incansable, Leo no solo construyó un imperio en los medios, sino que también dejó una huella imborrable en la comunidad latina de Miami.

"El éxito no se trata solo de lograr metas personales, sino de ayudar a otros a alcanzarlas también", concluye Leo.

Su legado continúa inspirando a nuevas generaciones de latinos que, como él, sueñan con un futuro mejor.

LLEGA A MIAMI EN 1986

Miami, una ciudad desconocida para él, conocida como la "Puerta de las Américas" y la "Capital del Sol", donde la mayoría de los hispanos eran cubanos, representaba un desafío que no estaba dispuesto a abandonar.

A pesar de su preocupación, Leo Roca no perdió la fe. Decidió quedarse y buscar nuevas formas de establecerse en una ciudad que en ese entonces figuraba entre las más peligrosas de Estados Unidos.

Su primer trabajo remunerado fue vendiendo impresos para una pequeña imprenta.

El salario era tan bajo que apenas le alcanzaba para cubrir el costo de la gasolina, pero complementaba sus ingresos con un porcentaje de las comisiones por las ventas que realizaba.

Por circunstancias que no vienen al caso mencionar, la familia propietaria de la imprenta decidió vender el negocio.

Para sorpresa de todos, la persona menos esperada hizo una oferta y asumió el compromiso: Leo Roca.

Así fue como, a finales de 1986, Leo se convirtió en el nuevo propietario de la imprenta, ubicada en una estratégica dirección en el centro de Miami, cerca del aeropuerto principal.

Cabe destacar que la compra se realizó mediante crédito y facilidades de pago.

En esa imprenta, Leo Roca inició, entre otras cosas, la impresión de su revista *Quisqueya*, que circulaba gratuitamente en Miami de forma mensual.

En varias ocasiones, era el propio Leo quien distribuía las revistas en los negocios locales.

COMENZÓ LA CADENA DE ÉXITO

En los meses finales de 1986, después de varios meses de incertidumbre, dificultades y sequía económica en Miami, pareciera que el Universo le cambió la ruta a *Leo Roca* y su mente se volvió creativa y el horizonte se enrumbo hacia grandes cosas.

El día nueve de noviembre de ese año 1986, nuestro personaje, ya empresario, al frente de su imprenta, vio coronado y hecho realidad su gran deseo, que era producir y animar un programa de radio de su propiedad en Miami.

Fueron muchos los obstáculos y los NO que escuchó el joven Leo Roca, buscando trabajo en las seis emisoras hispanas de Miami, que transmitían ese año.

Él con ligera experiencia en radio, por haber laborado en emisoras de su país y habiendo estudiado periodismo en una conocida Universidad en su Patria, buscaba conectar con lo que le gustaba, pero no tuvo éxito al tratar de que lo contrataran como locutor, su acento y su voz no lo ayudaron. En cambió si lo aceptaron como productor independiente.

En los siguientes capítulos, ampliaremos los detalles de ese episodio relacionado con el inicio de

Leo Roca en la radio de Miami, al frente de su propio programa.

Se puso en evidencia que existe una gran diferencia entre lo teórico y lo práctico. Como dice un amigo: "Decirlo es fácil, lo duro es hacerlo".

Leo Roca, nunca imaginó lo que lo esperaba, cumplir con la rigurosidad de lo establecido en una emisora transmitiendo en español desde la capital del exilio cubano en 1986, donde todo se asociaba al comunismo y al anti-Castrismo.

Los cubanos eran dueños y señores de la comunidad hispana en el Estado de la Florida, lo tenía todo controlado y de manera RADICAL e intolerante, se enfrentaban a cualquier acción que le oliera a comunismo.

En cortas palabras, veían comunismo hasta en su propia sombra y en tal sentido, vivían enfrentados a otras comunidades y todo el que pensara diferente.

Sus frecuentes broncas no eran solo de palabras. Fueron muchas las peleas con heridos y hasta muertos, además violencias a todos los niveles, con destrucciones de discos, boicots a productos y países, prohibiciones a productores y artistas.

En esa candela "navegó", sobrevivió y triunfó nuestro personaje Leo Roca.

LO SUSPENDIERON DE LA RADIO

Leo, casi feliz con su nuevo proyecto, no había cumplido ni un mes al aire con su programa de radio en Miami —una modesta hora semanal los domingos— cuando recibió una devastadora noticia.

La gerencia de la emisora le envió un memorándum suspendiendo su programa e invitándolo a recoger el valor del depósito que había dejado, además de firmar un descargo.

La comunicación, abrupta e inesperada, le arrugó el corazón al joven emprendedor, pues no explicaba las razones de tal decisión arbitraria.

Inicialmente, Leo Roca se resistió a presentarse en la oficina de la emisora. No quería saber nada más al respecto y pensaba simplemente enviar a alguien a recoger el dinero del depósito.

Sin embargo, su entorno lo convenció de que debía ir personalmente, y así lo hizo. Al llegar, fue recibido por el director de la emisora, Alfredo Roque, quien le dijo escuetamente: "Lo siento mucho, pero solo estoy cumpliendo órdenes".

A pesar de que Leo intentó cuestionar la decisión, Roque no quiso entrar en detalles sobre las razones de la suspensión, evitando dar explicaciones sobre la drástica medida.

El joven empresario, que había saboreado la emoción de ver realizado uno de sus sueños más grandes —iniciar una carrera en la radio—, ahora se encontraba frente a la amarga realidad de que todo se había truncado repentinamente. La tristeza lo invadió al ver que su gran pasión, algo que había soñado desde niño, se desmoronaba en un instante.

Al día siguiente, para su sorpresa, Leo recibió un mensaje del director de la emisora, enviado a través de un empleado (en una época sin celulares), pidiéndole que pasara nuevamente por su oficina.

Al asistir, Roque le explicó: "Por ser tu primera infracción, la gerencia ha decidido darte una oportunidad, esperando que no vuelva a ocurrir".

La supuesta "infracción" de Leo fue considerada una ofensa al exilio cubano por haber tocado música de la cantante dominicana Sonia Silvestre, quien en ese momento era vista como comunista, en especial por haber vivido en la Cuba de Fidel Castro. Leo, recién llegado a la comunidad del exilio cubano en Miami, desconocía las tensiones y guerras ideológicas que existían, y al darse cuenta de lo que había provocado, se llevó las manos a la cabeza, con los ojos llenos de lágrimas y un nudo en la garganta, fruto de la indignación por lo que consideraba un abuso irracional.

Poco tiempo después, otra administración tomó control de la emisora, y Leo permaneció allí durante 18 años ininterrumpidos, no con una sola hora al aire, sino con ocho horas cada domingo.

Finalmente, el destino —o Dios— decidió que esa misma emisora AM-FM pasara a estar bajo su control, no solo como conductor, sino en calidad de arrendatario, con opción a compra, las veinticuatro horas del día.

LA REINVENCIÓN DE LEO ROCA: UN INMIGRANTE INFATIGABLE

A pesar de no haber alcanzado el éxito inmediato en su proyecto inicial que lo llevó a Miami, una aventura incierta y arriesgada, Leo Roca no se rindió.

Con la determinación de un guerrero, enfrentó los desafíos diarios y se levantó con valor frente a las dificultades que se le presentaban.

El proceso de estabilización tanto en su imprenta como en su programa de radio semanal marchaba con cierta estabilidad, aunque no sin los obstáculos típicos de cualquier emprendimiento.

EXPANSIÓN HACIA NUEVOS HORIZONTES: TELEVISIÓN

Para 1987, Leo ya tenía en mente un nuevo objetivo: añadir a su empresa, legalmente incorporada en el Estado de Florida, un programa de televisión. Así, completaría la trilogía de medios que tanto anhelaba: radio, televisión y prensa. Sin perder tiempo, se presentó en los canales locales de Miami, como Tele Miami, Miavisión y Hit TV.

Para su sorpresa, parecía que lo estaban esperando. En menos de tres meses, su primer programa estaba al aire en los tres canales mencionados.

Todo indicaba que Leo Roca estaba en el camino correcto. Su éxito en la comunidad dominicana y el competitivo mercado hispano de Miami seguía en ascenso.

Ya contaba con una oficina con secretaria, separada de la imprenta, y había designado a un encargado para la gestión de la imprenta, lo que le permitió concentrarse en sus nuevos proyectos. Su siguiente objetivo era adquirir sus propios equipos e instalar una 'isla de edición', para no depender de terceros en la edición y filmación de exteriores de su programa.

LEO ROCA HOSPITALIZADO

El ritmo de trabajo excesivo y la acumulación de responsabilidades terminaron por pasar factura.

Leo Roca, postrado en una cama de hospital en Miami, vivía una experiencia amarga.

La fatiga y el estrés, que le habían estado dando señales de advertencia, finalmente lo llevaron a una pausa forzosa en su ajetreada vida.

Después de tres días en el hospital, ya intentaba gestionar su salida, impaciente por retomar sus proyectos.

Sin embargo, ignoraba que estaba cosechando los frutos de haber descuidado su salud.

Para alguien que rara vez se enfermaba y que nunca había estado hospitalizado, esta era una experiencia completamente nueva.

LAS CONSECUENCIAS

Trabajar demasiadas horas, descuidar la alimentación y vivir bajo constante presión generan graves consecuencias para el organismo.

Entre ellas, aumento del estrés, ansiedad, dolores físicos como lumbagos, y problemas de salud mental.

Los síntomas de exceso de trabajo incluyen fatiga, disminución de la productividad, insomnio, dolores de cabeza, y problemas emocionales como la ansiedad y la depresión.

Leo, cegado por su adicción al trabajo, no era consciente de las repercusiones que esto tenía en su vida personal.

Cada día se distanciaba más de su familia, saliendo temprano y regresando agotado tarde en la noche.

Este descuido hacia su hogar lo acercaba peligrosamente a un posible divorcio y la destrucción de la convivencia familiar.

UN DESCANSO FORZADO

Leo Roca estuvo hospitalizado siete días, a regañadientes, y fue dado de alta con indicaciones médicas claras: dos semanas de reposo absoluto. Sin embargo, desobedeciendo las recomendaciones, se reincorporó de inmediato a su rutina, como un adicto al trabajo que no podía detenerse. Retomó su ajetreada agenda, repitiendo su hábito de jornadas extenuantes de 18 horas, siete días a la semana, a veces sin comer. Este ciclo, aunque exitoso en lo profesional, amenazaba con destruirlo en todos los demás aspectos de su vida.

LEO ROCA Y EL DINERO

Al abordar el tema del dinero en relación con Leo Roca, nos encontramos en una encrucijada que genera confusión. ¿Es Leo un avaro ambicioso que trabaja sin descanso para acumular riqueza? ¿Es un filántropo altruista que dedica sus esfuerzos a ayudar a los demás? ¿O es un "workaholic", como lo llamarían los estadounidenses, un adicto al trabajo que no puede desconectarse de su vida laboral?

Avaro
Un avaro es alguien que busca de manera desmedida

adquirir y acumular bienes y riquezas, impulsado por el deseo de poseer cada vez más.

Filántropo
El filántropo se distingue por su amor a los semejantes, guiado por el deseo de generar riqueza no solo para sí mismo, sino también para ayudar a otros. La filantropía se basa en la intención genuina de colaborar y contribuir al bienestar de los demás.

ADICTO AL TRABAJO (WORKAHOLIC)

Un adicto al trabajo es una persona que, de manera impulsiva e inconsciente, siente la necesidad constante de estar ocupado, sacrificando otras áreas de su vida personal por no poder desconectarse del trabajo.

Estimado lector, como autor de este libro, me permito hacer una afirmación fundamentada en mi conocimiento personal y profundo de Leo Roca.

Nadie lo conoce como yo, y puedo asegurar que Leo no es un avaro, ni tampoco un filántropo consagrado, aunque ha ayudado a muchas personas a lo largo de su vida.

Leo Roca es, en realidad, un esclavo contento de su propia decisión de ser un adicto al trabajo.

Desde siempre, ha vivido sumido en su labor, buscando cumplir con cada tarea como un fiel devoto del esfuerzo continuo.

Leo no practica ningún deporte, no le gustan las fiestas, no baila, no bebe alcohol ni fuma. Es extremadamente exigente con la comida, prefiere la tranquilidad de su hogar, donde pasa horas leyendo o escribiendo, y no disfruta viendo películas.

Su vida gira alrededor del trabajo y del compromiso personal que ha cultivado a lo largo de los años.

Los inicios de Leo Roca en los medios de comunicación.

Ya hemos mencionado, de manera resumida, cómo fueron los primeros pasos de Leo Roca en los medios de comunicación en Miami. Sin embargo, no hemos abordado "lo primero de lo primero", que fue su experiencia en 1982 en la ciudad de La Romana, en Radio Guía 97.7 FM, la primera emisora en frecuencia modulada no solo en La Romana, sino también en las provincias circundantes.

Allí, Leo ya destacaba por su energía emprendedora, publicando exitosamente un pequeño periódico quincenal.

En 1985, durante su estancia en Houston, Texas, Leo participó en varias ocasiones en un programa radial realizado por unos amigos en la emisora de la Universidad donde estudiaban.

Estas experiencias iniciales fueron clave para que Leo conectara con su ferviente deseo de convertirse en un comunicador profesional, lo que más tarde lo llevó a estudiar locución en la Escuela Nacional de Santo Domingo y periodismo en la Universidad Central del Este.

El resto es una historia larga y fascinante, que iremos desglosando en los próximos capítulos, donde relataremos los múltiples procesos y vivencias del incansable Leo Roca.

LEO ROCA NO PASÓ EL EXAMEN

Cuando Leo Roca decidió incursionar en la radio de Miami, comenzó un recorrido personal por varias emisoras locales en busca de oportunidades.

En algunas emisoras le informaron que no había vacantes, otras lo ignoraron completamente y no le ofrecieron la tradicional prueba que solía determinar si un aspirante poseía buena voz y dicción.

Esta prueba consistía en ingresar al estudio de grabación de la emisora y leer unos párrafos de un periódico o teletipo, para evaluar sus capacidades como locutor.

Al parecer, Leo nunca "pasó dichas pruebas", ya que no fue llamado para ninguna oferta. En algunas ocasiones le dijeron: "Si te necesitamos, te avisamos", pero ese aviso nunca llegó.

En aquellos años, las emisoras en español de Miami, dirigidas mayoritariamente por cubanos, rara vez contrataban a personas de otras nacionalidades.

Leo siempre reconoció que su voz no era la mejor, y su dicción tampoco, pero aun así notaba que había locutores cubanos con menos condiciones que él. Sin embargo, no se dejó vencer por este obstáculo.

Decidió investigar qué emisora ofrecía la posibilidad de alquilar horas de programación, y así encontró WOCN 1450 AM, ubicada en la calle Flagler y la avenida 18 del noroeste de Miami.

Esta emisora, que cubría los condados de Miami-Dade y parte de Broward, le ofreció la oportunidad de realizar su debut como productor y dueño de su propio programa.

El 9 de noviembre de 1986, Leo Roca cumplió su sueño de estar al aire en Miami. Años más tarde, expresó con satisfacción: "¡Gracias a Dios que nunca me aceptaron como empleado en ninguna otra radio donde solicité!".

Su pequeño programa, *Panorama Dominicano*, comenzó a difundirse con gran entusiasmo, y para celebrarlo, imprimió mil volantes con los colores de la bandera dominicana, anunciando el "gran acontecimiento".

La emoción fue palpable para Leo, quien finalmente había alcanzado uno de sus sueños más deseados.

LEO ROCA NO SE DEJÓ DESLUMBRAR POR LA FAMA

Aunque Leo Roca ha sido constante en afirmar que nunca imaginó convertirse en una celebridad rodeada de fama y dinero en Miami, también asegura que nunca estuvo preparado para los desafíos que esto conlleva.

Consciente de que muchos han fracasado por no saber manejar la fama, Leo comprendió que, sin una correcta administración de las emociones y las tentaciones, uno puede caer en la trampa de la vanidad, algo que ha arruinado a muchos en el mundo de la farándula y los deportes.

A diferencia de otros, Leo Roca se blindó frente a las luces, los aplausos y el culto a la personalidad.

En lugar de dejarse llevar por el ego y malgastar su dinero en lujos innecesarios, se mantuvo enfocado en sus metas y decisiones.

Prefirió invertir los frutos de su esfuerzo en propiedades importantes y negocios rentables, lo que le ha asegurado a él y a su familia paz mental, independencia financiera y libertad, sin la carga de deudas.

Su trayectoria como conductor y productor de radio y televisión tanto en Miami como en la República Dominicana, sumada al éxito de sus medios escritos y su rol como empresario y líder comunitario, lo han consolidado como una figura respetada y admirada.

¿QUÉ SIGNIFICA "VOLVERSE LOCO"?

En términos coloquiales, volverse loco significa caer en el exhibicionismo, mostrando públicamente la casa donde se vive, los autos que se poseen, los relojes y joyas adquiridas, haciendo alarde de los viajes en primera clase y creyéndose el centro del universo. Es un comportamiento torpe y ridículo que delata a las personas sin clase ni humildad. Leo Roca, sin embargo, evitó este destino. Manteniéndose con los pies en la tierra, construyó una vida exitosa basada en trabajo arduo, disciplina y una clara visión de lo que realmente importa.

Mi ENTREVISTA
Con
Leo Roca

¡Sorpresa!

Yo, su servidor Leonel Peña, tengo una excelente noticia que con gran entusiasmo quiero compartir con usted, estimado lector y estimada lectora:

¡He logrado algo extraordinario!

El propio Leo Roca ha aceptado continuar detallando su historia, y lo hará en primera persona, compartiendo con todos nosotros su fascinante recorrido lleno de altibajos, éxitos y desafíos vividos en la vibrante ciudad de Miami.

Es un honor darle la bienvenida a Leo Roca, quien nos llevará de la mano por su apasionante travesía.

Aquí, en estas páginas, él mismo nos contará sus logros, las dificultades que enfrentó, y los secretos detrás de su perseverancia.

¡Bienvenido, Leo Roca! Cuéntanos el resto de tu inspiradora historia, con todos sus retos y momentos memorables.

¡Gracias!

LEO ROCA:
"Lo primero es darle gracias a Dios, que aún estoy vivo".

Puedo testificar que en varias ocasiones tuve coqueteos con la muerte, por lo que me considero un sobreviviente ya que para esos años que marcaron el inicio de mi lucha por establecerme en Miami era un riesgo temerario y altamente peligroso hablar por la radio de Miami.

Recuerdo que en los años ochenta era peligroso hablar por la radio de Miami.

Los anticastristas no solo perseguían y acosaban a los que se equivocan, también mataban, agredían, colocaban bombas, tiroteaban y los sabotajes e insultos violentos eran parte del día a día en todo el sur de Florida.

Las veinticuatro horas, los siete días, los cubanos difundían por todas las emisoras AM en español, una programación violenta, cargada de epítetos amenazantes y arengas en contra del régimen impuesto por Fidel Castro, en la isla ubicada a solo noventa millas de Miami.

Fueron muchos los artistas vetados, sacados, excluidos de la programación de las pocas emisoras que transmitían música en frecuencia modulada FM en Miami, hasta por un simple rumor de que se saludaron con artistas que vivían en Cuba.

Muchos otros eran acusados de haber ido a esa Isla comunista y un largo etcétera.

Los insultos por la radio de Miami, les caían como rayos; además les desmolían sus discos con un pesado tractor rodillo.

Nunca olvidaré que a mí me suspendieron, me sacaron del aire, porque en mi programa, siendo un espacio independiente pagado, coloqué música de mi conciudadana Sonia Silvestre, que estaba mal vista en Miami, porque supuestamente era comunista.

Fueron muchas las veces que, a través de mi medio escrito impreso, tuve que salir en defensa de Johnny Ventura, Wilfrido Vargas, Juan Luís Guerra, Víctor Víctor y muchos otros artistas, que los acusaban y amenazaban porque supuestamente fueron a Cuba a trabajar. Yo por la radio no lo podía hacer, me sacaban de la emisora y esta vez me fichaban para siempre y hasta me declaraban persona non-grata y no exagero.

LEO ROCA:
Mis enfrentamientos con cubanos en Miami.

En 1996 enfrenté a la "poderosa" pero extraviada Cristina Saralegui por usar a ingenuos dominicanos para hacer sus denigrantes, vergonzosos y escandalosos shows en televisión.

Convoqué a una protesta frente a Univisión en repudio a sus ofensivas prácticas.

En 1997 una multitud acudió al llamado que hice para protestar por la injusticia de negarle el premio como MVP por ganar la Serie Mundial, jugando con los Miami Marlins, al beisbolista Moisés Alou.

Dirigentes cubanos en Miami, abusivamente, le negaron el merecido premio al hijo del dominicano Felipe Rojas Alou, para otorgárselo al lanzador cubano Liván Hernández. Esa gran marcha, fue cubierta por grandes medios de comunicación, entre ellos, Univisión, Telemundo, El Nuevo Herald y el influyente periódico nacional USA Today.

En el 2001 revolucionamos a todo Miami, defendiendo a Sergio Vargas, quien fue vilipendiado, insultado y calumniado porque vistió, una camiseta con una fotografía del Ernesto el Che Guevara, estando Sergio en RD. Los desubicados y cobardes autores cubanos, que realizaban un matutino vulgar en la emisora Zol 95fm, en Miami, nos amenazaron con una contra protesta donde nos lanzarían huevos y latas con Coca Cola congeladas para agredirnos. Por suerte intervino antes la policía.

En otra ocasión protestamos en contra de la Policía de Miami, por usar símbolos dominicanos (bandera y música) en una trampa que los prepararon a delincuentes en la 'pequeña Habana' en el Centro de Miami.

Fueron muchos otros los enfrentamientos que abrazamos, siempre para defender la dignidad dominicana en Miami, por cuestión de tiempo y espacio no detallaremos.

Recuerdo que mantuvimos una larga campaña denunciando por nuestros medios la corrupción y los abusos del cubano Herman Echavarría, quien dirigía la oficina de Turismo de RD, en Miami.

Las constancias están: Nunca iniciamos contiendas, pleitos ni revanchismo comunitario, siempre los iniciaban otros, nosotros solo nos defendíamos, enfrentando los frecuentes abusos.

"En ocasiones los abusadores solo llegan hasta donde se les permite".

LEO ROCA:

Primera emisora donde iniciamos nuestro trayecto en Miami en 1986.

Entre otras comodidades y facilidades el edificio donde operaba WOCN 1450 AM, lo tenía todo, o casi todo lo necesario, para que una estación radial funcionara profesionalmente.

El lobby era impresionante, cómodo, bien amueblado y vistoso. Una completa cabina, con botones hasta para filtrar la respiración en los micrófonos, luces e *intercoms* para comunicar a los locutores y al director del control master ya que no estaban en el mismo espacio.

Algo que yo nunca había visto: Esta emisora, ubicada en la famosa calle Flagler y avenida 18 del noroeste, en el centro de Miami, tenía un espacioso salón con capacidad para unas doscientas personas sentadas, desde donde transmitían shows en vivo, sin necesidad de Unidad Móvil.

Sobra señalar que los departamentos de edición y grabaciones estaban equipados con todo lo necesario, varias oficinas administrativas y para vendedores, cocinas y los imprescindibles baños, limpios y amplios.

En Miami, las emisoras que transmiten en amplitud modulada, AM, continúan dominando con fuerza, aun en este 2024.

Obvio, Internet no existía ni en la mente de los extraterrestres, si una súper pizarra con salto automático, para sacar llamadas al aire con claridad y buen sonido.

Todo era disco en pasta, pequeños de 45 revolución por minuto y los famosos "Long Play", conocidos como LP, además, casetes, cintas, *"rileis",* cartuchos para comerciales y grabadoras con baterías. No computadora, no celulares, no wifi, no redes, nada de eso.

LEO ROCA:
Siempre se destacó lo que hacíamos en cada entrega.

Lo que hacíamos a través de los medios de comunicación en Miami, radial, escrito y en la televisión llamó la atención por ser inédito entre los latinos.

Con la introducción musical "Aleluya" interpretada por s, al inicio de cada programa pedíamos que un oyente leyera una porción de la Biblia.

Luego un "Mensaje a la conciencia, con el hermano Pablo". A las 12 del mediodía colocábamos el Himno Nacional de República Dominicana.

Convertimos en costumbre entregar premios, regalos y ayudas, los días de las Madres, "Thanksgiving" Acción de gracias y en Navidad. Regalábamos útiles escolares, también pagamos rentas y electricidad, mediante concursos.

Contábamos con un Club de Oyentes- identificados con carnet numerado, mediante el cual sorteábamos boletos aéreos y remesas a residentes en RD. También sorteamos dos vehículos.

Cada año presentábamos en diciembre las cincuenta y dos canciones que más sonaron en el año que finalizaba y las cincuenta y dos noticias de mayor impacto en el mundo.

Contábamos con corresponsales en todo el territorio dominicano.

Otras secciones que impactaron: Orientación de inmigración con las abogadas Yadira Morel y Rosenny Burgos.

A las once de la mañana, preguntábamos ¿qué está usted cocinando?

La historia musical de los artistas dominicanos, la historia de todos los géneros musicales populares. Recuerdo que sacar llamadas al aire era norma del programa, siempre hacíamos consultas encuestas- y en ocasiones los oyentes les grababan mensajes a los presidentes dominicanos a través de llamadas que grabamos en la cabina.

Raro el mes, que no invitáramos a la realización de actividades en los parques.

No olvidar las secciones: Lo bueno, lo malo y lo feo. El cállese la boca compay, las llamadas simuladas y hermosas y profesionales promociones.

Fuimos más que un programa o medios de comunicación, convirtiéndose en una institución de ayuda social, que apoyaba, resolvía, orientaba y alegraba a su gente.

Lo bueno es, que la comunidad nunca olvida esa gran obra que realizamos y que nadie se ha animado a continuar en Miami.

LEO ROCA:
Mis grandes retos y atrevimientos en y desde Miami.

1. Lanzar mi programa de radio desde Miami en cadena con emisoras en Nueva York, New Jersey, Connecticut y la Súper Q en República Dominicana. Dicha cadena se originaba desde la emisora 1210 con cincuenta mil watts de potencia, cubriendo el sur de Florida, West Palm Beach y Cuba.

2. Celebrar mis veinticuatro años en la radio de Miami, permaneciendo veinticuatro horas en cabina, ininterrumpidas sin dormir. Miles de seguidores visitaron la cabina y muchos otros hicieron la vigilia conmigo desde sus casas llamando por teléfono.

3. Celebrar los veinticinco años a un costo de casi cien mil dólares en un parque de Miami, con Fernando Villalona, Sergio Vargas, Benny Cepeda, Joseito Mateo, Frank Reyes y varios grupos locales. Obsequiamos varios premios.

4. Organizar y presentar la primera Feria Dominicana en Miami, durante tres días, convirtiendo el Comstork Park, en una miniciudad dominicana, orquestas, asamos lechón, instalamos un colmado, limpiabotas y muchas ocurrencias más. Esto se transmitió en

vivo a un alto costo, por cadena SUR, tuvimos como invitado al programa sábado de Corporán.

5. Presentar grandes eventos en Bay Front Park y en otros lugares, logrando unir y exhibir a los más importantes artistas de RD en multitudinarios festivales.

6. Participar como socio de la primera presentación de Juan Luís Guerra y 440 en el James L. Knight Center Miami.

7. Organizar y presentar en el hotel Hilton, el primer Encuentro Empresarial Dominicano en Miami, teniendo como invitados a Freddy Beras Goico, Cardenal Nicolás de Jesús López R. y sociólogo Teófilo Barreiro.

8. Formar y presidir la organización Voz y Voto en Miami, le sirvió para ayudar a cientos de dominicanos.

9. Aceptar la responsabilidad de productor de sábado de Corporan, un programa de TV cargado de secciones y dinamismo.

10. Instalar en la Romana, RD, en 1996, el primer canal de televisión profesional, por antena en la frecuencia UHF, única señal abierta, allí.

11. Escogido para lanzar la primera bola, en partido de beisbol de grandes ligas, en Miami.

12. Instalar a 10 minutos de La Romana, RD, el primer Vacacional familiar campestre con piscina, canchas, cafetería, terrazas en cana, campos para deportes, billares y más de 300 camas para campamentos.

13. Asumir el compromiso de rentar con opción a compra, 30 años después, la misma emisora AM/FM donde inicié en la radio en Miami en 1986.

LEO ROCA:
Hay personas que se molestan cuando alguien exhibe éxito.

Existen personas que quieren escuchar que vienes del fracaso, de los vicios, que estuviste en prisión por delincuente, que pasaste hambre y que rodaste envuelto en miseria.

Se les revuelve el páncreas si saben que triunfaste, que te superaste y que eres un luchador/luchadora, con planes y metas por lograr al precio que sea.

Lamento no acomodar a los que esperan eso de mí. No inventaré ni simularé que vengo de pobreza extrema, que pasé hambre y que me levanté del polvo.

Lo siento, no es mi caso, con apenas dieciocho años y viviendo en bateyes del Central Romana, junto a mis padres, ya tenía mi carro.

Siempre fui pobre y de niño coqueteé y conviví con precariedades propias de una familia sin recursos, a penas con lo básico y éramos felices. ¡Yo nunca me desenfoqué!

Muchos quieren éxito sin el menor esfuerzo, estos en ocasiones cuestionan a los triunfadores, a los que pagamos el precio, renunciando al ocio, sacrificándonos. Nos ven como dichosos, lo asocian a que tuvimos suerte, dicha y ventajas.

Nada más peligroso que mostrar éxito ante un fracasado envidioso.

En mi caso, terrenalmente, nadie me dio nada, nadie me asesoró, nadie me orientó, nadie me prestó dinero, nadie me regaló nada.

Yo, hasta mis limitados estudios me pagué, nada heredé de mis pobres padres ni de nadie.

Cambié diversión y vagancia por trabajo, acompañado de:

META-PLAN-ACCION-PERSEVERANCIA

No se bailar, no ingiero bebidas alcohólicas, nunca he fumado, nunca he usado drogas prohibidas, nunca he estado preso, ni tickets de tránsito tengo y sin creerme un "santito" puedo decir, que con trabajos extras y disciplina pude lograr algunas cosas positivas, entre ellas, las que ya señalé en capítulos anteriores.

Sin temor puedo asegurar y demostrar, que, en lugar de ayudas, recibí reveses teniendo que aplicar tiempos extras para lograr algunas cosas, siento que, a mí, todo el mundo me la "puso difícil" nada me ha sido fácil, todo lo contrario.

En mi turno de vida, en la tierra y en mi lucha por superarme y ser alguien, nadie me ayudó. Por suerte no soy un resentido, todo lo contrario, ya que siento que Dios, siempre estuvo a mi lado, guiándome, cuidándome de los muchos envidiosos frustrados, que amenazaban hasta mi integridad al sentirse derrotados ante mis pequeños logros.

Dios en su misericordia, nunca me falló y sin merecerlo yo, me auspició y me bendijo hasta el día de hoy. ¡Gloria a su nombre!

LEO ROCA:
Algunos reconocimientos recibidos:

* La designación de El Día de "Leo Roca", en el Condado Miami-Dade, 2010.

* Organización de periodistas iberoamericanos (OPI) 2001.

* Colegio Dominicano de Periodistas, año 2000. -Reconocimientos del Consulado de RD en Miami 1987-2015

* Varias Proclamas de la ciudad de Miami, desde 1995.

* La llave de la ciudad de Miami. -Homenaje de la gerencia de UNION RADIO en Miami 1988.

* Dominican American Chamber of Commerce 2024.

* Dominican Lions Club of Miami, 1987. Alianza Dominicana de la Florida 1998. Micrófono de Oro, Circulo Dominicano de Locutores.

* Premio Honor al Mérito, Miami. Placa y pergamino del Club Típico Dominicano-Miami.

*   Mérito periodístico de Acroarte.

*   Reconocimiento de Turismo, oficina Miami.

* Reconocimiento Dominicano destacado en el exterior'.

* Hijo distinguido y meritorio, Ayuntamiento La Romana.

* Placas y pergaminos del PRSC, PLD, PRD en Florida.

* Dominicanos deportistas de la Florida.

* Homenaje Estrella por Siempre en Pégate y gana con Pachá.

* Placa y Reconocimiento de la Asociación de Softball de Miami.

Todos los años celebramos la llegada de un nuevo aniversario, hasta cumplir el número treinta en la batalla, motivo suficiente para que nuestros miles de oyentes y seguidores nos llenaran de estímulo, con su calidez, cariño y afecto, motivo para que llegaran los reconocimientos que aún conservamos.

Varios reconocimientos más, algunos ya medio opacos, dañados por humedad, el tiempo y carcoma, pero siempre en mi recuerdo y eterno agradecimiento a tanta gente buena, que ha valorado nuestros humildes aportes realizados con amor y esfuerzos. ¡Gracias!

"Si hablas de tus éxitos se molestan y te acusan de inmodesto o presumido, si hablas de tus miserias, errores y precariedades te ven como honesto"

Nada más peligroso que hablar o mostrar éxito en presencia de un envidioso.

LEO ROCA:
Un testimonio con relación a uno de nuestros concursos.

Por José Miguel Álvarez, desde el Condado Broward, en el sur de la Florida.

En el año 1991, el programa Panorama Dominicano de "Leo Roca", cumplía cinco años; con tal motivo se celebró un evento abierto al público, en el Comstock Park en el populoso sector llamado Allapattah, hoy Juan Pablo Duarte.

Había un concurso, un premio para el que llevara el número cinco más grande. Yo estaba recién llegado, apenas con tres años en el Estado de la Florida; fuimos mi amigo Nelson Encarnación y yo a 'Home Depot', compramos dos planchas de "plywood", con una caladora, le dimos forma a la letra

C invertida a una de las planchas y con la otra le dimos forma a la parte de arriba y formamos el número 5.

La unimos con bisagras, la llevamos en la capota de un carro, por toda la inter-estatal I-95 hasta Miami, llegamos al parque y levantamos aquel monumento, sostenido con un listón de madera 2 x 4 x16.

Recuerdo un jurado que se paseó buscando al # 5 más grande, se detuvo frente a una tela con varias sábanas blancas unidas con el número cinco pintados.

Nelson y yo le solicitábamos que se acercaran al número cinco de nosotros que estaba un tanto retirado, pero decidieron que el ganador era aquella sábana gigante, tendida en el suelo.

Todo ese trabajo para nada, pero eran tiempos sanos, nos divertimos en el proceso.

¡Gracias!

LEO ROCA:

Aprovecho ese testimonio para destacar que era norma y costumbre en nosotros realizar ese tipo de actividad lo que mantenía viva y activa a la comunidad latina, especialmente a la dominicana en Miami y el sur de la Florida.

Siempre teníamos en agenda, en carpeta una actividad familiar en parques o lugares accesibles con grupos musicales, concursos y comida.

Siempre pensé que al retirarme alguien le daría continuidad a ese legado que tanto aportó a nuestra comunidad.

Hoy, año 2025, todo se esfumó y solo quedan estos recuerdos.

LEO ROCA:
Mis malos ratos, apuros y vergüenza.

¡El sufrimiento viene incluido!

No hay rosas sin espinas, no hay éxito sin tropiezos y grandes dificultades, contrario a lo que piensan muchos.

Esta es buena. Al despedir yo una entrevista que le hice a la cubana Celia Cruz, en un evento que se celebró en el Miami Dolphin Mall, en 1987, muy joven y sin experiencia, me pasé de sato, le pregunté a la diva, la reina de la Salsa, ¿si le podía dar un beso en la mejilla? Delante de todos los presentes que observaban, me dijo "No... eso no es así... hay que hablar con Pedro Knight mi esposo"...

Uff, me quise morir de la vergüenza, por suerte, ella notó que me transformé, casi lloro en público... y de inmediato soltó una carcajada jajajaja al tiempo que me decía, "pues claro mi hijo", y hasta me abrazó.

¡La vida me volvió al cuerpo, respiré y todos sonreímos!

En el 2004, Leonel Fernández, me confirmó que asistiría a mi programa de radio y televisión en Miami, para eso faltaba una semana. Días antes, el mediocre, envidioso acomplejado sin méritos 'gerentico desesado' de la emisora, donde yo tenía el mejor programa de esa radio, me envió una carta suspendiéndome de la emisora por 10 días, porque supuestamente yo dije en inglés "*same shit*" en el aire, cuando en esa radio, locutores cubanos decían cualquier cantidad de improperios y groserías no eran sancionados ni suspendidos.

No pude entrevistar al presidente Fernández, pero se la dejé en las manos, largándome de su emisora, donde no había un programa como el mío.

En otras palabras, lo mandé al carajo, después de dieciocho años; no volví; de inmediato me llamaron de "Radio Única" cincuenta veces más moderna y potente.

Ese directorcito, que le molestaba mi gran éxito, disparatoso frustrado y desubicado fue regañado, ya que se le fue el programa de mayor audiencia.

Los problemas, las dificultades y los despropósitos e imprevistos nunca faltan, pero lo importante es no rendirse ante los reveses y las adversidades, conscientes de que las batallas solo las ganan los valientes. Los que le ponen la cara al sol y el pecho al viento.

Por otra parte, hace unos meses que escribí con relación a la vergüenza que pasé en 1986, cuando acudí a cobrar mi primer anuncito en la radio de Miami, de cincuenta dólares.

La dueña del restaurant me echó como a un perro realengo delante de sus clientes y me dijo que eso no le interesaba.

Me fui a llorar al parqueo dentro de mi carrito. Años después, que triunfé en grande, esa damita fue a mi oficina a pedirme perdón.

Hoy es mi amiga, sé que leerá esta publicación.

¡NADIE DIJO QUE SERIA FACIL... pero hicimos la tarea!

LEO ROCA:
Los que me acompañaron desde 1982 al 2022 (RD Y MIAMI)

Recordarlos y citarlos a todos me es casi imposible, estos "recuerditos" tienen su Génesis en La Romana, República Dominicana y ya han transcurrido cuatro décadas. Mucho tiempo ¿Verdad?

Espero y ruego que nadie se moleste por omisión de mi parte.

Resumiendo: En la radio todo comenzó junto a Frank Espinal, amigo/hermano, con quien hace pocos días conversé en mi casa en La Romana. Su padre era dueño de la primera emisora FM en La Romana, la recordada Guía 97.7 FM, que aún sigue operando.

Como columnistas y colaboradores de mi periodiquito quincenal, fueron muchos los que escribían, colaboraban, jamás recordaría todos los nombres. Entre ellos Rafael Torres, Lucas Garó, Ing. Marcos Gómez, Manuel Guet Polanco y una larga lista.

Ya en Miami, mi primer corresponsal desde RD fue Franklin Pimentel, quien hacía el resumen semanal de noticias.

Otros colaboradores, sin importar el orden ni la fecha: El "Moreno de Boca Chica" sociólogo Teófilo Barreiro, Dra. Yadira Morel, y Euri Cabral.

LO INESPERADO

El año exacto no lo recuerdo, pero sé que fue en los 90s.

Leo Roca estaba preparando la presentación de Fernando Villalona en el icónico Bay Front Park, en el corazón de Miami.

La publicidad ya estaba en marcha y las expectativas eran altas. Todo indicaba que sería un lleno total en ese gran escenario. Sin embargo, a tan solo dos semanas del evento, surgió lo inesperado: a Fernando Villalona le negaron nuevamente la visa.

¡Qué dolor de cabeza para Leo Roca! Además de ser un reconocido locutor, ya se había consolidado como un empresario artístico responsable.

Ante esta situación tan crítica, tuvo que idear una solución inmediata. Su única alternativa fue viajar a Santo Domingo para convencer a Villalona de grabar un especial dirigido al público de Miami. Con un estudio decorado cuidadosamente y acompañado por su orquesta, Fernando aceptó la propuesta, a pesar de los difíciles años que atravesaba debido a sus problemas con los vicios.

La grabación se realizó y, una vez de vuelta en Miami, Leo Roca presentó el especial en pantalla gigante en el Bay Front Park, en ausencia física del artista. Contra todo pronóstico, el público acudió masivamente. ¡El Bay Front Park se llenó para ver a Fernando Villalona en video!

Increíble, pero cierto. El evento fue un éxito rotundo, demostrando la capacidad de Roca para sortear obstáculos y seguir adelante, incluso en las situaciones más difíciles."

Eusebio Sánchez, Arturo López, Guicho Pichardo, Daniel Archibald, Tony Dandrades, Carmen Metz, Mario de Jesús-deportes, Felipe Polanco Boruga, Yaquí Núñez del Risco, Dr. Mejía Torres, July Carlo, José Francisco Núñez, Nino Collado, Yokasta Vasquez, Pachuco, Nicauly de la Mota, Yunis Segura, Arturo López, Víctor Mena, los doctores García Landrón, Dra. Rosenny Burgos-migración, el Lechuguino, Víctor Ramón Rosa, Andrés Padua Naranjo, Licelot Morles, Claudio Hanley, Daisy Báez, Dionisio Pérez, Dr. Sandino Gónzalez, Dr. Ureña, Ruth de los Santos, Rijo Presbot, Juan Ramírez-Terin, Luichy Vargas, Dr. Ramón Ceballo, Domingo Bautista, El Pachá, Nicolino el científico, Arturo Dimaren, José A. Matias y no recuerdo quien más. Ah...como olvidar a mi operador estelar Christian Bonnet. En televisión Arsenio Rodríguez, siempre fue mi asistente en todo, cámara, edición y producción. ¿Será que ya me está fallando la memoria? ¡Los muchos años!

En la última etapa del inigualable bloque radial "El Gran Domingo" y otros programas míos: Fernando González, Pedrito Ozuna, Nani Peña, Raimundo Mercedes, Orlando de la Mota, el ex Cónsul Ney Almánzar, Dra. Amada Vargas, Thomás Peña, detective Angel Martínez.

Asumo que me metí en un gran lío con esto de enumerar nombres de personas que me ayudaron ya que siempre se quedan y no es por maldad ni irresponsabilidad o falta de honestidad.

Nadie o pocos pueden recordar todo lo que ocurrió en cuarenta años, llenos de cambios y actividades.

Prometo ir agregando con respeto y gratitud, esos que se me han escapado al momento de redactar este capítulo.

PROGRAMAS REALIZADOS

Panorama Dominicano, El Gran Domingo, Cerrando el Día, Noticias RD, TV Éxito, Zigzag Tv, Así Somos Tv, Los Embajadores, entre otros.

LEO ROCA:
Ocurrencias, anécdotas y personajes en mi bloque radial.

"El Moreno de Boca Chica" y sus ocurrencias en mi programa de radio, cuando yo lo interrogaba, se convertía en algo impactante y esperado. Si fuera hoy, diríamos que en "viral o tendencia". Era para morirse de la risa. ¡Tan impactante, que donde llegábamos, él se robaba el show y los presentes le prestaban más atención que a mí, que "supuestamente era el líder, la figura", jajaja! El pobre moreno querido, cayó en los vicios y no pudimos seguir.

"La Consorte", así la llamaba yo y la di a conocer en Miami, su nombre, María de León, era una oyente que siempre participaba llamando para opinar y concursar ganó muchos premios incluyendo pago de renta, electricidad y tickets aéreos súper simpática y ocurrente, la convertí en un personaje que se hizo tan famosa en la comunidad, que se alocó, no estaba preparada para administrar la dosis de fama que le llegó, al extremo que tuve que sacarla del programa.

Recuerdo que hablaba con la —y— aunque era de Nagua, se hacia la auténtica campesina.

"El super ronco… ¡Dios, que palo!... eso lo grababa yo, pero el editor, distorsionaba la voz y sonaba ronca. Lo mismo con "Merenguito" pero se editaba al inverso, con voz un tanto acelerada.

Crie el personaje haitiano, llamado "Conflé" el libreto lo interpretaba el comediante "Pachuco", ¡que luego terminó en Sábado Gigante y me ignoró…jajaja!

Víctor Mena, con este personaje le dimos la patada a la lada- ese viejo sinvergüenza era tan gracioso, charlatán y perverso que con frecuencia alteraba mi paz -me sacaba de quicio y muchos pensaban que era un montaje. Cuando le atacaba su mal de risa era para orinarse en la cabina.

Con el comediante dominicano Ramón Asencio "Ta Nokau" hacíamos "el gago", aunque no impactó como los anteriores personajes.

Con el Sociólogo Teófilo Barreiro y el "lechuguino" ambos, recomendados por Domingo Bautista, que participaban con él en Color Visión, también logramos buenos niveles de audiencia. Súper ágil, preparados y ocurrentes. Sobre todo, muy originales.

Recuerdo a Nicolino, a quién yo le llamaba el "Científico" que hacía su papel de disparatoso, con gran facilidad. Otro que tenía su gracia en el programa era Rafael, a quién lo di a conocer en todo Miami como el Camionero. Siempre me decía "oye valiente".

Ah… también se gozaba con la doctora Yadira Morel quien se inició en los medios con nosotros en Miami que, aunque orientaba en asuntos de

Inmigración, se la pasaba dando boches a los oyentes... jajaja... ¡Qué tiempos aquellos!

LEO ROCA:
Sorpresas y momentos memorables...

Me hicieron un 'piquete/protesta'. Un grupo reducido de "amigos" entre ellos varios dominicanos, residentes en Miami, en forma desorganizada se presentaron frente a la emisora donde yo hacía mi programa y desde la acera mostraban carteles y decían cosas en mi contra.

No se veían violentos. Estos cumplían orden de una señora "artista" de unos setenta y tres años, molesta conmigo porque (según ella) yo hice un comentario en la radio que a ella le molestó. Esta doñita decía ser artista, me entrego un long play, LP que yo al escucharlo rechace colocar en mi espacio por mala calidad y eso bastó para que se convirtiera en mi enemiga y hasta pagó para que esos antípodas me repudiaran y me desdeñaran. Como ese día hacia calor y un sol inclemente, les envié refrescos a los manifestantes y se los tomaron. ¡Dios!

Muhammad Alí, el gran campeón mundial de boxeo de los pesos pesados, sorpresivamente, se me apareció en la cabina de la emisora mientras realizaba mi programa y hasta boxeamos. Él y un grupo de personas estaban promoviendo unas galletitas pro-ayuda a personas con el mal de Parkinson.

"Aló, Te habla José Luís Rodríguez (el puma) voy manejando aquí en Miami, siempre te escucho, me encanta tu estilo de hacer radio".

Obvio, yo pensé que era una de las tantas bromas que ocurrían en el show que hacíamos, le pedí que cantara... jajaja ...y empezó "Agárrense de las manos"...luego me envió un estuche con un hermoso regalo.

Cuando cumplimos veinticinco años en la radio de Miami, alguien llamó al número de la emisora y dijo al aire que llevaría veinticinco monedas de veinticinco centavos norteamericanos y en efecto me las entregó. Ese día el programa se hizo de doce horas, de 6:00 am a 6:00 pm y durante todo el día los oyentes llegaban a entregarme "*quoras*" de veinticinco centavos, que aún conservo.

Recibí una llamada de la gerencia de la Cervecería Nacional Dominicana. "Queremos que desactives la campaña negativa que la competencia le está haciendo a la Cerveza Presidente en Miami, diciendo que no es la misma que se vende en RD y que allá produce diarrea".

La historia es demasiado extensa para explicarlo acá. Me llevaron a la fábrica en RD, me pusieron un casco protector en la cabeza y todo el mundo sabe que me "comí con yuca" a los difamadores que operaban desde Miami y la Presidente se impuso conquistando la confianza de los miamenses.

Mi bloque radial El gran domingo de 9:00 am a 6:00 pm, todos los domingos, más 'Cerrando el Día' de lunes a viernes de 5 a 6 pm, llegaron a los oídos de los dueños de emisoras que cubren el área tri estatal: Nueva York, New Jersey y Connecticut, bajo el auspicio de Cerveza Presidente, cerramos trato, yo como asociado formamos la primera cadena radial realizada por dominicanos y fue todo un éxito.

Mi Estrella en la calle ocho de Miami. Todo iba bien, yo acepté hasta que vi, sospeché y descubrí que las cosas no eran transparentes, no se estaba jugando limpio y salió una propuesta que no me gustó, involucraba dinero y otros cuentos y tumbé eso. Me quedé desestrellado...

LEO ROCA:
Importantes aportes y atrevimientos...

Hay muchas cosas importantes en usted que me está leyendo, enumérelas, escríbalas y se sentirá al ver cuantas bendiciones le han acompañado. Sus logros, aunque sean pequeños, tienen valor, no los ignore. Las cosas negativas, solo recuérdelas para no repetirlas.

¡Gracias a Dios por todo!

Firmamos un contrato con la editora Listín Diario y conseguimos la exclusividad para distribuir el periódico Listín Diario en Miami y áreas vecinas. Eso fue en 1988, se lo enviamos a los suscriptores.

Mis negocios en Miami:

Varios programas de radio y en televisión: TV éxito, Panorama Dominicano y zigzag que alcanzó buenos ratings por diez años.

Propietario de una imprenta donde imprimíamos mi revista Quisqueya y todas las promociones escritas para las múltiples actividades que frecuentemente realizábamos.

Propietario de la agencia de discos más completa en música dominicana en todo Miami.

Propietario de Isla Travel, una agencia que les vendía los tickets aéreos a todas las orquestas dominicanas y a miles de dominicanos en Miami y RD. Era 'la casa Dominicana' ayudando y orientando a dominicanos desorientados.

Presidente fundador, creador de varias entidades que organizaban grandes eventos y representaban a varios artistas y orquestas dominicanas. Además, producción de videos y comerciales para radio y televisión.

Presidente fundador de Voz y Voto, una organización cívica sin fines de lucros que ayudó a resolver muchas necesidades a dominicanos desorientados y sin recursos.

Creador de un Club de Oyentes, organizado, cada miembro identificado con un carnet, que exhibía mi foto.

Sorteamos, premiamos a los oyentes, incluyendo dos carros y muchos boletos aéreos, todo gratis.

Además, mi canal de televisión y el Vacacional en República Dominicana, más la responsabilidad con las noticias en Color Visión y con mi sección en la Súper Revista de Domingo Bautista. Luego fui productor del programa Sábado de Corporán.

Con razón, varias veces me internaron en hospitales por estrés, no paraba, no descansaba, no dormía ni me alimentaba y que conste que no hacía eso por llenarme de dinero, sino por pasión, así era mi padre.

Hay que destacar que también fui parte del equipo (talento) del grupo Noticias SIN, en Santo Domingo,

RD, invitado por mis amigos, Fernando Hasbun y su esposa Alicia Ortega.

LEO ROCA:
¡Mis grandes defectos!
¡Dios tenga misericordia de mí!

Eternamente estoy en conflicto con los impuntuales. No soporto que me hagan esperar y no respeten los acuerdos convenidos, sin presentarse una excusa honesta, creíble.

No soporto a borrachos, bulteros, fanfarrones, cuentistas, vagos vividores, metiches, irresponsables, sinvergüenzas, abusadores. Lejos de mi presencia todo el que sea chapucero.

No respeto a las personas por tener dinero o poder; respeto a personas inteligentes, aterrizadas y prudentes.

Soy esclavo de los pequeños detalles. No se lo recomiendo a nadie, se sufre mucho. Otro de mis defectos horribles es que en ocasiones práctico la intolerancia inconscientemente y no mucho me gusta que me lleven la contraria, jajaja… soy medio dictador.

Dios tenga misericordia de mí... no estoy listo para poner la otra mejilla, como dice la Biblia. Siento que soy un "poquiiiito mucho" rencoroso, no olvido fácil las ofensas. Sí perdono los errores, pero tengo mis problemitas con los que me hacen daño premeditadamente.

Se que no está bien. He llegado al punto de desearles la muerte a "gentuzas" que nada positivo aportan en este mundo, son dañinos envidiosos, traidores, desleales, chismosos, ladrones, abusadores, chopos imprudentes, y corruptos. También a los que maltratan a los ancianos, niños, a su madre-padre y animales. Sé, que eso no está bien de mi parte, pero estoy señalando mis defectos, sin ocultarlos. Creo que me tocará el infierno.

¡Dios ten misericordia de mí!

Soy frágil, pequeñitas acciones me afectan en muestra de que tengo un cerebro de mime y soy imperceptible, susceptible o quizás carente de tolerancia. Además, la paciencia siempre me ha sido esquiva. Otro defecto es, que, siendo buen amigo, no tengo 'la gracia' (me gustaría) de saber "calentar" buscar y visitar a los amigos. Aunque usted no lo crea, soy super tímido, creo que acomplejado, un idiota tonto, que me da vergüenza todo, hasta llamar a alguien para saludarlo y compartir. Soy un desastre. No me gusta la carne, no como ensalada de ningún tipo, no le puedo ver condimentos a mi comida, cero cilantros, cebolla, ajo, ajíes, sazón, pero todo molido. Nunca he probado berenjena, tayota, molondrón, pepinos, menos remolacha ni zanahoria. No bofe ni mondongo. No tomo leche ni *matao*. Sancocho y sopa si es colada para no ver cosas raras. Huevos solo duros y pizza solo de queso y sin nada de salsa. En los restaurantes todos me miran cuando ordeno lo que deseo comer. Preguntarán: ¿Y este extraterrestre?

Puedo perder la vida en un segundo si alguien trata de abusar de mí. No cedo a chantaje. No tolero abusos de ningún tipo. Se, que eso me hace estar cerca de la muerte permanentemente, por eso me mantengo en mi rincón, no haciéndoles a los demás lo que no quiero que me hagan.

Mucho le temo a las deudas. No celebro mis cumpleaños, no me sumo a celebraciones comerciales que mezclan afectos familiares con regalos.

Por conocerme como nadie me conoce, no le he aceptado cargos ni privilegios a ningún gobierno. Puedo demostrar que desde el presidente Dr. Leonel Fernández (1996) a la fecha, todos los mandatarios de RD me han tomado en cuenta. Yo, con respeto y delicadeza no lo he aceptado ni asumido.

Aclaro: No soy un ogro, no soy un santo, no soy un resentido. Se que a nadie le importa como soy o dejo de ser, pero si alguien se interesara lo remito a que le pregunten a cualquier miembro de mi familia, mis vecinos, compañeros/socios, empleados o la justicia en cualquier parte del mundo como me comporto y sé qué dirán que yo soy un "bombón" un manojo de algodón, un niño bueno, un monito con dos rabitos; en fin una chulería...un caballero, con un corazón grandote que amo a Dios y a la gente buena como usted; no le hago daño a nadie, pero si muy mañoso con la comida, por eso, solo en mi casa como.

LEO ROCA:
Chismes, inventos, calumnias y rivalidades inexplicables

Ha pasado el tiempo y solo tengo que decir, "Señor perdónalos, no sabían lo que hacían".

Durante mi "reinado" inventando y haciendo cosas inéditas en la comunidad latina radicada en Miami, nunca me faltó una 'pandillita criticona' y saboteadora, compuesta por cinco o seis personitas de esos que *"ni lavan ni prestan la batea"* expertas en intrigas y chismes.

Estos enfermitos hacían cualquier cosa para desenfocarme, hacerme fracasar. Por suerte no lo lograron, evidenciando que la verdad se puede enfermar, jamás morir.

Hoy, me sigo preguntando: ¿Cuál era el objetivo de su afán por frenarme con bajezas? Ninguno de esos mediocres soldados egoístas al servicio de la maldad, eran locutores, periodistas ni empresarios.

Nunca demostraron liderazgo en nada, la mayoría, eran unos perdedores, "gallos locos", que se apandillaban para lanzar patadas voladoras sin objetivos claros y la mayoría terminaban siendo copias malas de mis iniciativas.

Muy raro que en Miami surgiera un medio de comunicación independiente producido por dominicanos, radial o escrito que no me salpicara con algo negativo, convirtiéndome en su "blanco" sin enfrentarme directamente; todo por envidia, como auténticos mediocres cobardes, lanzaban indirectas, insinuaban con intrigas venenosas en mi contra, sin que explicaran las razones de su odio hacia mi o aportaran las pruebas de sus calumnias e inventos.

¡Envidia de la negra que les arrugaba el corazón y les freía el páncreas!

Ante esa furia diabólica, hice una costumbre de ofrecerles dinero a los calumniadores para que aportaran las pruebas de lo que de mi decían. Nunca nadie pudo cobrar. A uno de esos envidiosos, un charlatán, vago frustrado, le ofrecí veinticinco mil dólares, para que mostrara constancia de lo que me acusaba y se hizo el loco, se escondió y se calló para siempre.

Esas pandillitas formadas por envidiosos sin logros ni éxito, siempre irresponsablemente coincidían en culparme de sus fracasos y continuas derrotas, eran expertos en hacerse las víctimas.

La mayoría con más años que yo en Miami, nunca iniciaron nada relacionado a lo que yo hacía, pero se molestaban que otro lo hiciera. Por suerte, nunca le temí ni me rebajé a su bajo nivel por aquello de que *"Águila no caza mosca."*

Me enviaban pasquines con amenazas, llamaban a mis patrocinadores para indisponerme, anunciaban proyectos paralelos, copiaban ideas y formatos y se inventaban cualquier cosa para destruirme.

Nunca pudieron, su maldad moría como sucumbía todo lo que inventaban, no para aportar a la comunidad, sino buscando entorpecer y boicotear mis originales ideas.

Estos sufridos expertos en hacerse las víctimas cuestionaban hasta mi lista de buenos patrocinadores y me indisponían con ellos.

Risible, yo nunca tuve un departamento de venta de publicidad, ni salía a buscar patrocinios y a pesar de eso, me llovían las grandes cuentas de publicidad de importantes empresas.

¡Eso los mataba, los volvía locos!

En este 2024, sigo esperando mi reemplazo, que uno de ellos se anime a continuar con mi legado, no por mi sino por toda la gente buena que necesita y disfrutaba lo que hacíamos a través de nuestro plan social, sin dañar a nadie.

Dios puso en mi propósito que yo 'rompiera el hielo', abriera el camino y para su gloria lo hice. Pero, tristemente todo murió, la comunidad dominicana en

Miami está peor que como yo la encontré en 1986 a pesar de que tiene cinco veces más quisqueyanos productivos que cuando yo llegué.

Desaparecieron los que todo me criticaban y no han hecho nada positivo parecido. Pura envidia, egoísmo, maldad y mucho bla, bla, bla.

Ahora entiendo porque en la comunidad me llamaban *¡"El papá de los pollitos"! ¡El indetenible!*

Nada más revelador que un día detrás del otro. El tiempo lo aclara todo.

¡Señor, perdónalos, no sabían lo que hacían!

DESPEDIDA...

LEO ROCA:
Gracias por leerme y gracias al autor de este maravilloso libro por invitarme. Cumplí con este deseo personal, que nunca había realizado.

Resumí parte de mi vida en estas páginas. Es casi imprudente escribir o hablar de uno mismo, pero cuando toca, toca.

Desaparecí los archivos de cuarenta años, que celosamente guardaban mi trayectoria en los medios de comunicación, pero aquí queda algo el final de los tiempos.

Si leyó usted asumo que se enteró que, en ese trayecto de mi paso por el mundo de la comunicación tanto en República Dominicana como en Miami, me ocurrió de todo un poco, bueno, malo y feo con aplausos, abucheos, luces y sombras.

En lo personal me quedo con el cariño, la calidez y el buen trato de miles y miles de personas, no solo dominicanas, que valoraron mi trabajo y me hicieron el honor de apoyarme con su audiencia y fidelidad sincera, logrando así todo lo que me propuse. ¡Gracias!

Reconozco que, sin poseer una preciosa voz cautivadora ni un talento especial, miles me consintieron, convirtiéndome en su compañerito a través de los medios a su alcance. Ese amor me lo demostraban asistiendo a todas mis convocatorias (que fueron muchas) también tomándome en cuenta hasta cuando cosechaban cualquier fruto de su patio.

Mi casa se mantenía llena de esos obsequios repletos de cariño: frutas, víveres y hasta hojas para hacer té me llevaban. En otras palabras, siempre, sin hipocresía me hicieron sentir parte de su familia. ¡Gracias!

Como olvidar, el alto sentido de la cooperación y la solidaridad de tantos voluntarios que nos ayudaban a llenar o desocupar camiones con las ayudas que distribuíamos. Los *"cocinados"* especiales que nos llevaban a la cabina y las bendiciones expresadas de diferentes formas y maneras.

Mentiría si afirmo o presumo que yo estaba preparado para todo lo que me ocurrió a lo largo de todos esos años en la radio, la televisión y la prensa.

Recordemos que inicié con un periodiquito "Panorama Dominicano" luego con solo una hora en la radio y la televisión con ese mismo nombre. Nunca tuve la mínima sospecha de que ese tímido e insipiente inicio crecería y alcanzaría los niveles de aceptación que ya detallé en capítulos anteriores.

LEONEL PEÑA:

Gracias a nuestro personaje Leo Roca, por completar los detalles de su exitosa trayectoria por el mundo de los negocios y la comunicación desde 1986 en los medios de Miami.

Gracias por atreverse y someterse a la difícil prueba de hablar de sí mismo lo que casi siempre es desaprobado por los interlocutores o el auditorio.

Como autor de este libro, que ya vamos despidiendo y de paso agradeciendo su amabilidad de leerlo, me tomo la libertad de precisar algo que olvidé de Leo Roca, lo cual relato a continuación:

LO INESPERADO

"El año exacto no lo recuerdo, pero sé que fue en los 90s. Leo Roca estaba preparando la presentación de Fernando Villalona en el icónico Bay Front Park, en el corazón de Miami. La publicidad ya estaba en marcha y las expectativas eran altas. Todo indicaba que sería un lleno total en ese gran escenario. Sin embargo, a tan solo dos semanas del evento, surgió lo inesperado: a Fernando Villalona le negaron nuevamente la visa.

¡Qué dolor de cabeza para Leo Roca! Además de ser un reconocido locutor, ya se había consolidado como un empresario artístico responsable. Ante esta situación tan crítica, tuvo que idear una solución inmediata. Su única alternativa fue viajar a Santo Domingo para convencer a Villalona de grabar un especial dirigido al público de Miami. Con un estudio decorado cuidadosamente y acompañado por su orquesta, Fernando aceptó la propuesta, a pesar de los difíciles años que atravesaba debido a sus problemas con los vicios.

La grabación se realizó y, una vez de vuelta en Miami, Leo Roca presentó el especial en pantalla gigante en el Bay Front Park, en ausencia física del artista. Contra todo pronóstico, el público acudió masivamente. ¡El Bay Front Park se llenó para ver a Fernando Villalona en video!

Increíble, pero cierto. El evento fue un éxito rotundo, demostrando la capacidad de Roca para sortear obstáculos y seguir adelante, incluso en las situaciones más difíciles."

FUE UN PLACER...

Leonel Peña: Nos vamos concluyendo estos relatos con la satisfacción de haber logrado recopilar parte de la historia real y verídica de un joven latino que, por primera vez, llegó a la ciudad de Miami en 1986, sin conocer a nadie y sin que nadie lo esperara.

Con su mente puesta en establecerse y progresar, enfrentó su primera prueba de fuego al tener que reinventarse en una ciudad desconocida tras el fracaso de su primer negocio, que intentó poner en marcha a sus veintitantos años y sin experiencia.

Otro gran reto que enfrentó fue su decisión de quedarse en Miami, "echando el pleito," para evitar regresar derrotado a su pueblo en la República Dominicana, donde probablemente tendría que escuchar a sus padres diciéndole: "Te dijimos que no te fueras de tu país, donde tienes todo lo básico para vivir bien".

Pareciera que en la mente de Leo Roca volaban pensamientos de estímulo, similares a frases como:
"El barco está más seguro cuando está en el puerto, pero no fue para esto que los barcos fueron construidos". — Paulo Coelho
"De los cobardes nunca se ha escrito nada importante."
"Si el camino se torna duro, que los duros salgan al camino."
"Los perdedores saben quejarse, no enfrentarse."
"La noticia no es que me caí, la noticia es que me levanté."

"Los perdedores dejan que las cosas pasen; los triunfadores hacen que las cosas pasen." "No importa dónde te planten, esfuérzate y da buenos frutos."

La conclusión de esta estimulante historia, en su esencia semi-biográfica, no puede ser otra que enfatizar y reiterar que Leo Roca es un auténtico campeón.

Sin ayudas especiales, sin préstamos, y sin asesoría externa, enfrentó y superó toda adversidad.

Con todo en su contra, logró lo que muchas personas en este mundo persiguen: libertad económica, estabilidad, y comodidades, acompañadas de las cosas espirituales y materiales que completan el paquete del éxito.

META - PLAN
ACCION - PERSEVERANCIA

Galería de fotos

El recordado y conocido logo
Programa Radial El Gran Domingo

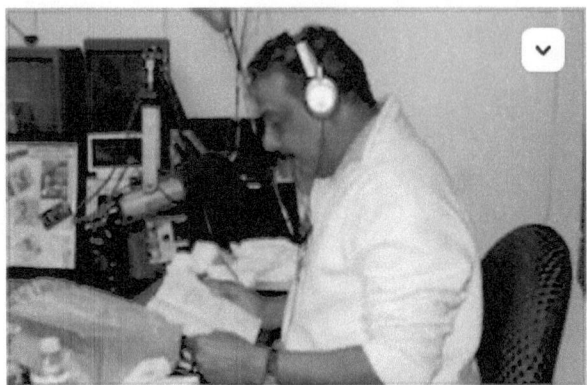

Leonel Peña en cabina realizando el programa

Leonel Peña en acción en la cabina de la radio

Leonel Peña lanzando la primera bola
Estadio de Miami

Leonel Peña junto al empresario Victor Mena
Compañero de labores en la radio

Leonel Peña en su programa radial simulando boxear con Muhamed Alí

www.leonelpeña.tv

leonelradiotv@gmail.com

OTRAS OBRAS DE LEONEL PEÑA:

- Vivir en los Estados Unidos
- Enredo Religioso
- 66 Vergüenzas Dominicanas
- Preguntas, Temores y Pecados
- En Estados Unidos no lo hagas
- Como fracasar en los Estados Unidos

¡DISPONIBLES EN AMAZON!

Radio y Televisión *Leonel Peña*

FIN

Editado y publicado
Por Editorial Mundo Latino
www.emundol.com
(310) 595 6956
(661) 468 0147

www.ingramcontent.com/pod-product-compliance
Lightning Source LLC
Chambersburg PA
CBHW020654220526
45464CB00001B/431